CADERNO DE ATIVIDADES

Organizadora: Editora Moderna
Obra coletiva concebida, desenvolvida
e produzida pela Editora Moderna.

Editores responsáveis:
Mara Regina Garcia Gay
Willian Raphael Silva

5ª edição

MODERNA

© Editora Moderna, 2018

Elaboração dos originais:

Mara Regina Garcia Gay
Bacharel e licenciada em Matemática pela Pontifícia Universidade Católica de São Paulo.

Willian Raphael Silva
Licenciado em Matemática pela Universidade de São Paulo. Professor e editor.

Everton José Luciano
Licenciado em Matemática pela Faculdade de Filosofia, Ciências e Letras do Centro Universitário Fundação Santo André.

Cintia Alessandra Valle Burkert Machado
Mestra em Educação, na área de Didática, pela Universidade de São Paulo.

Coordenação editorial: Mara Regina Garcia Gay
Edição de texto: Cintia Alessandra Valle Burkert Machado, Edson Ferreira de Souza
Assistência editorial: Jessica Rocha Batista, Marcos Gasparetto de Oliveira, Paulo César Rodrigues dos Santos
Gerência de *design* e produção gráfica: Sandra Botelho de Carvalho Homma
Coordenação de produção: Everson de Paula, Patricia Costa
Suporte administrativo editorial: Maria de Lourdes Rodrigues
Coordenação de *design* e projetos visuais: Marta Cerqueira Leite
Projeto gráfico e capa: Daniel Messias, Otávio dos Santos
Pesquisa iconográfica para capa: Daniel Messias, Otávio dos Santos, Bruno Tonel
    Fotos: Zapp2Photo/Shutterstock, Pammy Studio/Shutterstock, MillerStock/Shutterstock
Coordenação de arte: Carolina de Oliveira
Edição de arte: Daiane Alves Ramos
Editoração eletrônica: Grapho Editoração
Coordenação de revisão: Elaine C. del Nero, Maristela S. Carrasco
Revisão: Cárita Negromonte, Fernanda Marcelino, Leandra Trindade, Renata Brabo, Rita de Cássia Sam, Simone Garcia, Viviane Oshima
Coordenação de pesquisa iconográfica: Luciano Baneza Gabarron
Pesquisa iconográfica: Carol Bock
Coordenação de *bureau*: Rubens M. Rodrigues
Tratamento de imagens: Fernando Bertolo, Joel Aparecido, Luiz Carlos Costa, Marina M. Buzzinaro
Pré-impressão: Alexandre Petreca, Everton L. de Oliveira, Marcio H. Kamoto, Vitória Sousa
Coordenação de produção industrial: Wendell Monteiro
Impressão e acabamento: Log&Print Gráfica, Dados Variáveis e Logística S.A.
        Lote: 781395
        Código: 24112677

Dados Internacionais de Catalogação na Publicação (CIP)
(Câmara Brasileira do Livro, SP, Brasil)

Araribá plus : matemática : caderno de atividades / organizadora Editora Moderna ; obra coletiva concebida, desenvolvida e produzida pela Editora Moderna ; editores responsáveis Mara Regina Garcia Gay, Willian Raphael Silva. - - 5. ed. - - São Paulo : Moderna, 2018.

Obra em 4 v. para alunos do 6º ao 9º ano.
Bibliografia.

1. Matemática (Ensino fundamental) I. Gay, Mara Regina Garcia. II. Silva, Willian Raphael.

18-16906   CDD-372.7

Índices para catálogo sistemático:

1. Matemática : Ensino fundamental   372.7

Maria Alice Ferreira – Bibliotecária – CRB – 8 / 7964

ISBN 978-85-16-11267-7 (LA)
ISBN 978-85-16-11268-4 (LP)

Imagem de capa
Dispositivo móvel usando tecnologia de realidade aumentada para obter informações sobre um produto em supermercado.

SUMÁRIO

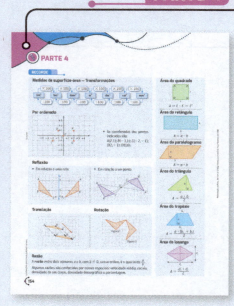

CONHEÇA O SEU CADERNO DE ATIVIDADES

Este caderno foi produzido com o objetivo de ajudá-lo a compreender melhor os conteúdos estudados nas unidades do seu livro de Matemática. As atividades aqui propostas exploram a compreensão de alguns conceitos e incentivam a prática de alguns procedimentos.

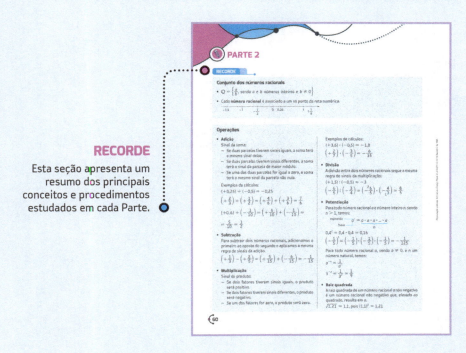

RECORDE

Esta seção apresenta um resumo dos principais conceitos e procedimentos estudados em cada Parte.

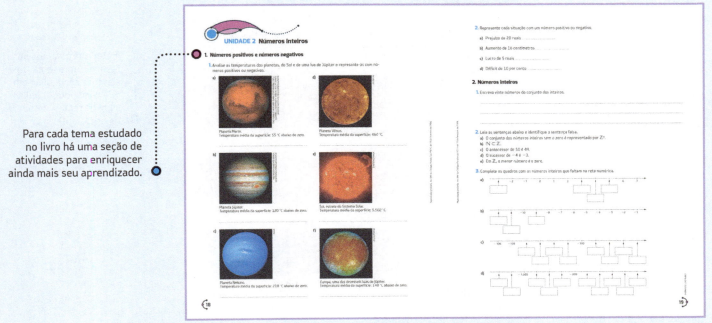

Para cada tema estudado no livro há uma seção de atividades para enriquecer ainda mais seu aprendizado.

PROGRAMA DE RESOLUÇÃO DE PROBLEMAS

Esta seção tem o objetivo de apresentar diversas estratégias para resolver um problema e de proporcionar a reflexão a respeito de cada etapa da resolução e sobre a resposta encontrada.

Desse modo, você aprende a ler, a interpretar e a organizar os dados de diversos problemas e enriquece seu repertório de estratégias para a resolução deles.

Este programa é desenvolvido em duas etapas: *Estratégia para conhecer* e *Problemas para resolver*.

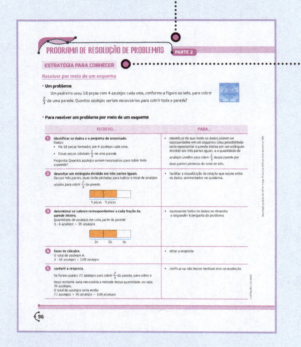

Em *Estratégia para conhecer*, é demonstrada passo a passo a estratégia de resolução de um problema, o que lhe possibilitará solucionar os problemas sugeridos na próxima etapa.

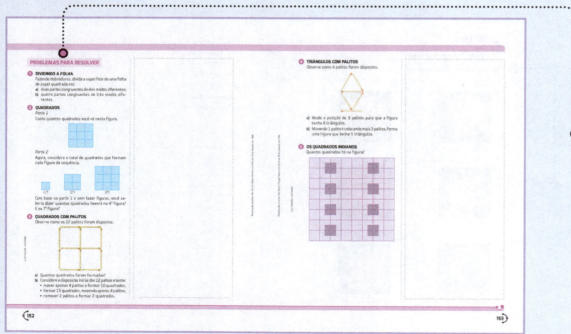

A etapa *Problemas para resolver* apresenta uma série de problemas em que você poderá aplicar as estratégias conhecidas na etapa anterior.

RECORDE

Divisibilidade

Um número natural a é **divisível** por um número natural b, diferente de zero, quando a divisão de a por b é exata. Nesse caso, também dizemos que a é **múltiplo** de b, ou ainda que b é divisor de a.

Critérios de divisibilidade

Um número natural é divisível:
- por 10 quando termina em 0;
- por 100 quando termina em 00;
- por 1.000 quando termina em 000.

Decomposição em fatores primos

$$\begin{array}{r|l} 30 & 2 \\ 15 & 3 \\ 5 & 5 \\ 1 & \end{array} \qquad 30 = 2 \cdot 3 \cdot 5$$

Máximo divisor comum – mdc

É o maior divisor comum de dois ou mais números. Para obtê-lo, podemos decompor os números simultaneamente.

mdc (15, 10)
$$\begin{array}{rr|l} 15, & 10 & 2 \\ 15, & 5 & 3 \\ 5, & 5 & 5 \leftarrow \text{fator comum} \\ 1, & 1 & \end{array}$$

$$\text{mdc } (15, 10) = 5$$

Mínimo múltiplo comum – mmc

É o menor múltiplo comum de dois ou mais números. Para obtê-lo, podemos decompor os números simultaneamente.

mmc (15, 10)
$$\begin{array}{rr|l} 15, & 10 & 2 \\ 15, & 5 & 3 \\ 5, & 5 & 5 \\ 1, & 1 & \end{array}$$

$$\text{mmc } (15, 10) = 2 \cdot 3 \cdot 5 = 30$$

Os números inteiros

Conjunto dos números inteiros

$$\mathbb{Z} = \{ ..., -2, -1, 0, 1, 2, 3, 4, ...\}$$

A sequência dos números inteiros é:

$$..., -5, -4, -3, -2, -1, 0, 1, 2, 3, ...$$

números inteiros negativos ← → números inteiros positivos

Cada número inteiro tem um ponto associado a ele na reta numérica.

Operações

- **Adição**

Parcelas com sinais iguais:

$$\underset{5 + 7}{(-5) + (-7) = -12}$$ O sinal se mantém.

Parcelas com sinais diferentes:

$$\underset{7 - 5}{(-5) + (+7) = +2}$$ sinal da parcela que tem maior módulo

Quando uma das parcelas é zero:

$$(-5) + 0 = -5 \leftarrow \text{o próprio número}$$

- **Subtração**

$$(-24) - (-34) = -24 + 34 = 10$$

O oposto de -34 é 34.

- **Multiplicação**

Fatores com sinais iguais:

$$(-5) \cdot (-7) = +35$$ resultado positivo

$$(+5) \cdot (+7) = +35$$ resultado positivo

Fatores com sinais diferentes:

$$(-5) \cdot (+7) = -35$$ resultado negativo

Quando um dos fatores é zero:

$$(-5) \cdot 0 = 0$$

- **Divisão**

A divisão entre números inteiros pode ser exata ou não e segue a mesma regra de sinais da multiplicação.

- **Potenciação**

Quando a base é positiva, a potência é positiva.
Quando a base é negativa:
– se o expoente for ímpar, a potência será negativa;
– se o expoente for par, a potência será positiva.

LUIZ RUBIO

- **Raiz quadrada**
  - $\sqrt{25} = 5$, pois $5^2 = 25$
  - $\sqrt{-25}$ não é um número inteiro, pois não existe número inteiro cujo quadrado seja um número negativo.

Ângulo

É a união de duas semirretas de mesma origem em um plano com uma das regiões determinadas por elas. As semirretas são os lados do ângulo e a origem delas é o vértice do ângulo.

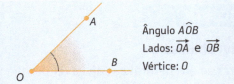

Ângulo $A\widehat{O}B$
Lados: $\vec{OA}$ e $\vec{OB}$
Vértice: O

Medida de um ângulo

A unidade de medida do ângulo é o **grau** (°).

São submúltiplos do grau: o **minuto** (1 grau é igual a 60 minutos: $1° = 60'$) e o **segundo** (1 minuto é igual a 60 segundos: $1' = 60''$).

Ângulos consecutivos

São ângulos que têm em comum o vértice e um dos lados.
$A\widehat{O}C$ e $B\widehat{O}C$ são ângulos consecutivos.

Ângulos adjacentes

São ângulos consecutivos que não possuem pontos internos em comum.
$A\widehat{O}B$ e $A\widehat{O}C$ são ângulos adjacentes.

Bissetriz

É a semirreta que tem origem no vértice do ângulo e o divide em dois ângulos congruentes.

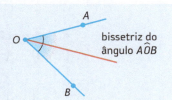

bissetriz do ângulo $A\widehat{O}B$

Ângulos congruentes

São ângulos que têm a mesma medida.

Ângulos complementares

São ângulos cuja soma das medidas é igual a 90°.

Ângulos suplementares

São ângulos cuja soma das medidas é igual a 180°.

Ângulos opostos pelo vértice

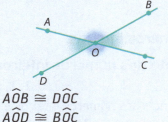

$A\widehat{O}B \cong D\widehat{O}C$
$A\widehat{O}D \cong B\widehat{O}C$

Ângulos formados por duas retas paralelas cortadas por uma transversal

Os ângulos correspondentes, determinados por duas retas paralelas interceptadas por uma transversal, são congruentes.

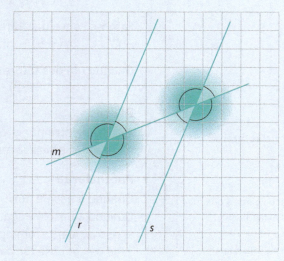

med ($\hat{a}$) = med ($\hat{e}$) = med ($\hat{g}$) = med ($\hat{c}$)
Ou seja, $\hat{a}$, $\hat{e}$, $\hat{c}$ e $\hat{g}$ são congruentes.
med ($\hat{b}$) = med ($\hat{f}$) = med ($\hat{h}$) = med ($\hat{d}$)
Ou seja, $\hat{b}$, $\hat{f}$, $\hat{d}$ e $\hat{h}$ são congruentes.

UNIDADE 1 Múltiplos e divisores

1. Divisibilidade

1. Complete os espaços com os números do quadro de modo que as frases fiquem corretas. Só use uma vez cada número.

a) _____ é divisor de 3.   **c)** _____ é divisor de 1.

b) _____ é múltiplo de 3.   **d)** zero é múltiplo de _____.

1	13	201	3

2. Escreva todos os números:

a) múltiplos de 4 que estão entre 200 e 250.

b) divisíveis por 5 que estão entre 300 e 400.

3. Responda:

a) Que algarismo deve estar no lugar de **a** para que o número **a**340 seja divisível por 4? Justifique.

b) Que algarismo deve estar no lugar de **b** para que o número 317**b** seja divisível por 3 e por 9? Justifique.

4. Para participar de um curso, 36 pessoas serão organizadas em grupos de, no mínimo, 10 pessoas em cada. De que maneiras esses grupos podem ser organizados de maneira que todos tenham a mesma quantidade de pessoas?

2. Decomposição em fatores primos

1. Leia as frases e corrija o que estiver errado.

a) A decomposição de 45 em fatores primos é $9 \cdot 5$.

b) $2^2 \cdot 5^3$ é a decomposição em fatores primos do número 60.

2. Decomponha os números abaixo em fatores primos. Deixe registrado o processo utilizado.

a) 44

c) 1.225

b) 900

d) 7.168

3. Em cada caso, descubra o número, seguindo as dicas.

a) Sua decomposição em fatores primos tem apenas dois números entre 12 e 20 e seu último algarismo é o 7.

b) Sua decomposição em fatores primos tem apenas dois números entre 4 e 18 e seu último algarismo é o 9.

4. Tatiana confeccionou um dado de cartolina e escreveu, em cada uma das 6 faces, um número primo. O menor número era o 2 e o maior era o 13. A brincadeira era jogar o dado 3 vezes e multiplicar os valores encontrados.
Responda:

a) Qual é a maior pontuação que pode ser obtida após lançar 3 vezes o dado?

b) E o menor?

c) Escreva duas pontuações possíveis para esse jogo.

3. Máximo divisor comum (mdc)

1. Escreva com suas palavras o que é o máximo divisor comum de dois ou mais números.

_____

_____

_____

2. Determine.
a) Os divisores de 50 e 60.

_____

_____

b) Os divisores comuns de 50 e 60.

_____

c) O maior dos divisores comuns de 50 e 60.

_____

3. Calcule o mdc em cada item e, depois, responda às questões.

a) mdc (18, 15)

c) mdc (22, 35)

b) mdc (90, 120)

d) mdc (210, 450)

• Em algum item o mdc calculado foi igual a 1? Se foi, indique em qual. _____

• Como são chamados os números que apresentam mdc igual a 1? _____

4. Um ourives precisa separar diversos tipos de pedras preciosas em cofres distintos. Sabe-se que ele possui 200 diamantes, 160 safiras, 120 esmeraldas e 80 rubis e vai distribuí-las em quantidades iguais em cada cofre, colocando o maior número possível de pedras por cofre sem misturá-las.

a) Quantas pedras preciosas serão colocadas em cada cofre?

EDUARDO SOUZA

b) Quantos cofres serão necessários?

5. Em uma gincana na escola, participarão 24 alunos do 6º ano A, 36 alunos do 6º ano B e 42 alunos do 6º ano C. Os alunos serão divididos em grupos de mesma quantidade e da mesma turma (A, B e C). Essa quantidade de alunos deverá ser a maior possível, e ninguém pode ficar de fora.

a) Quantos alunos haverá em cada grupo?

b) Quantos grupos serão formados em cada turma (A, B e C)?

6. Dalva deseja fazer alguns cartões para presentear seus amigos. Ela tem duas tiras de papel cujos comprimentos são 95 cm de papel amarelo e 70 cm de papel azul. Os cartões devem ser cortados em pedaços iguais de maior comprimento possível, de maneira que não sobre papel. Qual é a cuantidade obtida de cartões amarelos e de cartões azuis?

7. Joana tinha uma cartolina com 30 cm de comprimento e 24 cm de largura. Ela dividiu-a em pedaços quadrados, de maior tamanho possível, de modo que não teve sobras.

a) Qual é a medida do lado dos pedaços quadrados de cartolina?

b) A figura abaixo representa o formato da cartolina de Joana. Desenhe as divisões dos pedaços de cartolina de acordo com a medida do lado do quadrado encontrado no item anterior. Em quantos pedaços Joana dividiu a cartolina?

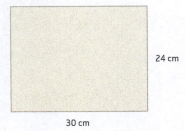

24 cm

30 cm

4. Mínimo múltiplo comum (mmc)

1. Escreva com suas palavras o que significa o mínimo múltiplo comum de dois ou mais números.

_____

_____

_____

_____

2. Calcule.

a) mmc (18, 24)

b) mmc (50, 80, 100)

c) mmc (72, 84, 96)

d) mmc (88, 120, 385)

3. Determine os seis menores múltiplos comuns de 40, 30 e 75, diferentes de zero.

4. Determine os quatro menores múltiplos comuns de 18, 20, 32 e 56, diferentes de zero.

5. Três ciclistas largaram juntos em uma prova cujo percurso é circular. Jorge leva 2 minutos para completar uma volta, Paulo demora 5 minutos e Felipe demora 6 minutos. Após quanto tempo os três passarão juntos pela primeira vez no local de largada?

Equipe de ciclismo feminino da Grã-Bretanha conquistando a medalha de ouro nos Jogos Olímpicos de Londres 2012.

6. A quantidade de biscoitos que Rita comprou na padaria é menor que 200 e pode ser dividida igualmente, e sem sobras, em 8, 10 ou 15 caixas. Quantos biscoitos Rita comprou?

7. Três amigos lavam seus carros sempre no mesmo lava-rápido, pois assim podem tomar café juntos enquanto o serviço é feito. Rubens lava seu carro a cada 4 dias; Marisa, a cada 8 dias; e Cássio, a cada 12 dias. Sabe-se que no dia 2 de abril os três se encontraram no lava-rápido e foram tomar café juntos. Qual será o próximo dia em que se encontrarão novamente para tomar café?

8. Em uma rodovia, em determinado trecho, foram instalados: um telefone público a cada 8 km, um poste de iluminação a cada 12 km e um ponto de ônibus a cada 18 km. Em certo ponto da rodovia estão instalados os três juntos: um telefone público, um poste de iluminação e um ponto de ônibus. A cada quantos quilômetros, a partir desse ponto, estarão instalados os três juntos novamente?

9. Fabrício não estava se sentindo muito bem e foi ao médico. O doutor averiguou que ele estava febril, com tosse e apresentava infecção na garganta. Então, ele receitou um antibiótico que deve ser tomado de 6 em 6 horas e um xarope de 4 em 4 horas; também pediu a Fabrício que verificasse a temperatura de seu corpo, com um termômetro, de 2 em 2 horas. Sabe-se que Fabrício chegou em casa às 18 horas e 30 minutos e fez os três procedimentos juntos, ou seja, verificou a temperatura de seu corpo, tomou o xarope e o antibiótico. A que horas Fabrício voltará a fazer os três procedimentos juntos novamente?

10. Uma escola vai promover uma excursão para seus alunos. Uma professora ficou encarregada dos lanches. Ela terá de fazer uma "sacolinha" contendo um pacote de biscoito, um suco e uma banana para distribuir aos alunos. Então, ela foi a uma distribuidora de doces e verificou que seria mais vantajoso comprar embalagens grandes desses produtos. Cada embalagem grande de biscoitos continha 18 pacotes e cada embalagem grande de suco continha 20 caixinhas. E as bananas foram compradas no mercado, em dúzias. De acordo com essas informações, quantas embalagens grandes de biscoitos e de sucos e quantas dúzias de bananas, no mínimo, a professora comprou para montar as "sacolinhas", de modo que não sobrasse nenhuma unidade dos produtos ou frutas?

UNIDADE 2 Números inteiros

1. Números positivos e números negativos

1. Analise as temperaturas dos planetas, do Sol e de uma lua de Júpiter e represente-as com números positivos ou negativos.

a)

Planeta Marte.
Temperatura média da superfície: 55 °C abaixo de zero.

_____

d)

Planeta Vênus.
Temperatura média da superfície: 460 °C.

_____

b)

Planeta Júpiter.
Temperatura média da superfície: 120 °C abaixo de zero.

_____

e)

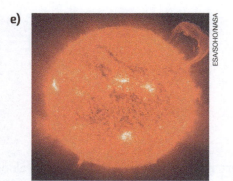

Sol, estrela do Sistema Solar.
Temperatura média da superfície: 5.502 °C.

_____

c)

Planeta Netuno.
Temperatura média da superfície: 218 °C abaixo de zero.

_____

f)

Europa, uma das dezesseis luas de Júpiter.
Temperatura média da superfície: 148 °C abaixo de zero.

_____

2. Represente cada situação com um número positivo ou negativo.

a) Prejuízo de 20 reais _____

b) Aumento de 16 centímetros _____

c) Lucro de 5 reais _____

d) Déficit de 10 por cento _____

2. Números inteiros

1. Escreva vinte números do conjunto dos inteiros.

_____

_____

_____

2. Leia as sentenças abaixo e identifique a sentença falsa.
a) O conjunto dos números inteiros sem o zero é representado por $\mathbb{Z}^*$.
b) $\mathbb{N} \subset \mathbb{Z}$.
c) O antecessor de 50 é 49.
d) O sucessor de -4 é -3.
e) Em $\mathbb{Z}$, o menor número é o zero.

3. Complete os quadros com os números inteiros que faltam na reta numérica.

a)
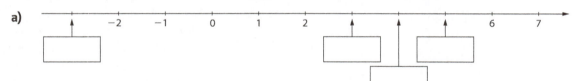

b)
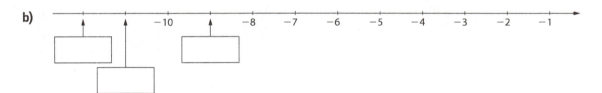

c)
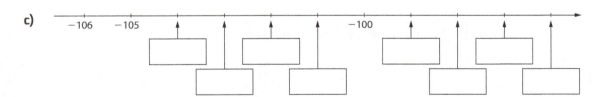

d)
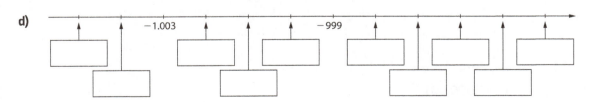

e)

2

f)

−40   −20   10   30   50   60

4. Escreva, nos quadros verdes, o sucessor de cada número abaixo.

a) −7

b) 5

c) 13

d) −21

e) 789

f) −789

g) 1.896

h) −7.591

5. Escreva, nos quadros verdes, o antecessor de cada número abaixo.

a) −12

b) 9

c) 55

d) −79

e) 100

f) −124

g) 1.001

h) −3.334

6. Assinale os itens em que os números estão dispostos em ordem decrescente.

a) +7, +8, +9, +10

b) −6, −7, −8, −9

c) +10, +3, −2, −312

d) +14, +6, −12, −15

e) 0, 1, 7, 19

f) 108, −81, −120, −54, 78, −94

g) 1.000.001, 999, 0, −999, −1.000.001

7. Considerando os itens que não foram assinalados no exercício anterior, escreva os números de cada item em ordem decrescente.

_____

_____

_____

_____

8. Descubra a regra e complete a sequência.

a) | −27 | −21 | −15 | −9 | −3 | ⬚ | ⬚ | ⬚ | ⬚ |

b) | −63 | −43 | −23 | ⬚ | ⬚ | ⬚ | ⬚ | ⬚ | ⬚ |

c) | ⬚ | ⬚ | ⬚ | ⬚ | −1 | ⬚ | ⬚ | +41 | +55 |

3. Módulo, ou valor absoluto, de um número inteiro

1. Determine:

a) o simétrico de 5; _____

b) o oposto de −18; _____

c) o simétrico de 11; _____

d) o oposto de | −2 |; _____

e) o simétrico de 77. _____

2. Construa uma reta numérica e localize os números −3, 4, −5, 7, −7, 0 e 5.

3. Construa uma reta numérica e localize apenas os números simétricos de −1, 3, −2, 4, 0 e 5.

4. Construa uma reta numérica e localize os módulos dos seguintes números: −5, −3, −1, 0 e 2.

5. Escreva, em ordem crescente, os números indicados nos quadros abaixo.

| Simétrico de 12 | Módulo de +5 | Oposto de −7 | \|−11\| | Oposto de −4 | Simétrico de 6 | \|0\| | Simétrico de −1 |

6. Construa uma reta numérica e localize nela os números encontrados na resposta do exercício anterior.

4. Adição com números inteiros

1. Complete as frases com uma das palavras que estão entre parênteses.

a) Quando somamos dois números positivos, o resultado será

_____. (positivo/negativo)

b) Quando somamos dois números negativos, o resultado será

_____. (positivo/negativo)

c) Quando somamos um número positivo com zero, o resultado será

_____. (positivo/negativo)

d) Quando somamos um número negativo com zero, o resultado será

_____. (positivo/negativo)

e) Quando somamos um número positivo com um número negativo, o resultado será

_____ (positivo/negativo) se o módulo do número positivo for maior

que o módulo do número negativo, ou será _____ (positivo/negativo)
se o módulo do número negativo for maior que o módulo do número positivo.

2. Complete o quadro com o resultado de cada adição.

$(-10) + (-5)$		$(+8) + (+17)$	
$(+14) + (-11)$		$(-7) + (-5)$	
$(+8) + (+2)$		$(+101) + (+15)$	
$(+9) + (+11)$		$(-8) + (-8)$	
$(-3) + (+3)$		$(-33) + (-15)$	
$(-7) + (+8)$		$(+14) + (+11)$	
$(+20) + (+7)$		$(+7) + (-15)$	
$(+12) + (+21)$		$(+33) + (-37)$	
$(-15) + (-17)$		$(+181) + (-155)$	
$(-100) + (+10)$		$(-238) + (+102)$	
$(-99) + (-101)$		$(-377) + (-415)$	

3. Responda.

a) A soma de dois números inteiros de mesmo sinal é 30. Qual é o sinal desses números?

_____

b) A soma de dois números inteiros de mesmo sinal é −15. Qual é o sinal desses números?

_____

c) A soma de dois números inteiros de sinais diferentes é −1. Qual é o sinal do número de

maior módulo? _____

4. Resolva os problemas.

a) João queria comprar uma bicicleta que custava R$ 120,00; por isso, ele consultou o saldo de sua conta-corrente. Ao checar a sua conta-corrente, ele constatou que, se comprasse a bicicleta, o saldo de sua conta ficaria R$ 50,00 negativo. Considerando que a bicicleta foi comprada, qual era o saldo da conta de João antes da compra?

b) Uma empresa teve lucro de R$ 150,00 nas vendas do produto A e prejuízo de R$ 40,00 nas vendas do produto B. Represente com um número inteiro:

• o prejuízo da empresa nas vendas do produto B; _____

• o lucro da empresa nas vendas do produto A; _____

• o lucro ou o prejuízo dessa empresa nas vendas dos produtos A e B. _____

5. Nas operações abaixo, x e y representam números inteiros. Dê um exemplo de valores possíveis para x e y em cada caso.

a) $x + y = 10$ **c)** $x + y = 11$

b) $x + y = −5$ **d)** $x + y = −3$

6. Efetue as adições.

a) $(+1 - 5) + (-3)$

e) $(-4 - 7) + (+5 - 3 + 1)$

b) $(-11 - 8 - 8) + (+5 + 3 + 4)$

f) $(-12 + 7) + (-9 + 5)$

c) $(+201 - 115) + (+190 - 88)$

g) $(+8 + 6) + (-4 - 5) + (-9 + 6)$

d) $(-1.001) + (+450 + 451)$

h) $(+17 - 7) + (+21 + 9) + (- 4 - 7)$

7. Calcule.

a) $|-27| + |+13| +$ simétrico de $+94$

b) oposto de $+15 +$ simétrico de $-1 + |-31|$

5. Subtração com números inteiros

1. Observe a tabela com resultados dos jogos entre as seleções principais de futebol masculino do Brasil e dos Estados Unidos até abril de 2018 e responda às questões.

RESULTADOS DOS JOGOS DE FUTEBOL ENTRE BRASIL E ESTADOS UNIDOS							
	Número de jogos	Número de vitórias	Número de empates	Número de derrotas	Gols pró	Gols contra	Saldo de gols
BRASIL	19	18	0	1	41	12	29
USA	19	1	0	18	12	41	−29

Dados obtidos em: <http://www.fifa.com/fifa-tournaments/teams/compare.html>. Acesso em: 25 abr. 2018.

a) Qual é o saldo de gols da seleção brasileira? E da seleção dos Estados Unidos?

_____

b) Calcule a soma dos saldos de gols das duas equipes.

_____

2. O deserto de Gobi é uma extensa região desértica situada ao norte da China e ao sul da Mongólia. Os valores extremos de suas temperaturas durante o dia e durante a noite chegam a 38 °C e −43 °C em uma de suas regiões. Calcule a diferença entre essas duas temperaturas.

Deserto de Gobi.

3. Efetue as subtrações.

a) $(+10) - (+5)$

c) $(+30) - (+27)$

b) $(+7) - (-7)$

d) $(+100) - (-150)$

26

e) $(-15) - (-8) - (+3)$

g) $(+5) - (-5) - (-15)$

f) $(+8) - (-6) - (+14)$

h) $(-315) - (+175) - (+133)$

4. Complete o quadrado mágico, sabendo que a soma dos números de cada linha, coluna ou diagonal é sempre a mesma.

27		15
	9	21
3		

5. Joaquim investiu uma parte de seu dinheiro em ações da companhia petrolífera Kipetróleo. Ele comprou 5.000 ações ao custo total de R$ 35.000,00. Com a queda do preço do petróleo no mercado internacional, as ações dessa companhia que Joaquim possuía passaram a valer, no total, R$ 5.800,00. Ele ganhou ou perdeu dinheiro nessa variação econômica? Indique o valor com sinal positivo, se ele ganhou; ou com sinal negativo, se ele perdeu.

6. Em um típico dia de outono na cidade de São Paulo, as temperaturas oscilaram de 13 °C a 32 °C pela manhã e de 32 °C a 21 °C no final da tarde. Perto da meia-noite os termômetros marcavam 11 °C.

a) No período da manhã, a temperatura subiu ou caiu? Se a temperatura subiu, indique a variação de temperatura com sinal positivo; se caiu, indique com sinal negativo.

Estação da Luz, São Paulo, SP.

b) E no período da tarde? Indique com sinal positivo ou negativo a variação de temperatura no período da tarde.

c) E no período da noite? Indique com sinal positivo ou negativo a variação de temperatura no período da noite.

7. Efetue os cálculos.

a) $-|-14|-|+9|-(+11)$

b) $-(-23)-(+18)-|-5|$

6. Adição algébrica

1. Efetue as adições algébricas.

a) $-(-5)+(-10)-(-4)$

d) $(-3)-(-14)-(+15)-(-1)$

b) $(+8)+(-3)-(-5)$

e) $-(-21)-(+20)+(+31)-(-14)$

c) $(+7)-(-10)-(-1)$

f) $-(-7)-(-3)-(-8)-(-9)$

g) $(+11) - (+13) - (+14) - (+7)$

h) $-(+14) - (-71) - (-80) - (+115)$

2. Complete a expressão com os sinais $+$ ou $-$ para torná-la verdadeira.

$-(-7)\ \boxed{}\ (+13)\ \boxed{}\ (-5)\ \boxed{}\ (+8)\ \boxed{}\ (-3) = 0$

3. Determine o valor desconhecido em cada caso.

a) $(+5) - (-\boxed{}) = +10$

d) $(-33) - (-\boxed{}) = -31$

b) $(-6) + (-\boxed{}) = -16$

e) $(+89) - (+\boxed{}) = 9$

c) $-(-\boxed{}) - (+37) = +73$

f) $-(+37) - (-\boxed{}) = 1$

4. Numa partida de *videogame*, Carlos fez 238 pontos na primeira fase. Na segunda fase, ele perdeu 73 pontos e, na terceira fase, perdeu 82 pontos. No final da quarta fase, o placar do jogo marcava 39 pontos negativos.

a) Carlos ganhou ou perdeu pontos na quarta fase?

b) Quantos foram esses pontos?

5. Observe o marcador localizado na casa 6.

Agora, siga as instruções abaixo e determine o número da casa em que o marcador vai parar.

- Avance 6 casas.
- Avance 3 casas.
- Volte 10 casas.
- Avance 2 casas.
- Volte 4 casas.
- Avance 9 casas.

POSIÇÃO FINAL:

Escreva a expressão que representa as movimentações do marcador, da casa 6 até a posição final.

6. Leia atentamente o texto a seguir.

A temperatura mais alta já registrada na Terra foi quase 57 °C e ocorreu em 10 de julho de 1913 em Furnace Creek, uma região desértica do Vale da Morte, Califórnia. Já a temperatura mais baixa ficou por volta de 89 °C abaixo de zero, em Vostok, Antártida, em 21 de julho de 1983.

Dados obtidos em: <https://wmo.asu.edu/content/world-meteorological-organization-global-weather-climate-extremes-archive>. Acesso em: 25 abr. 2018.

Vale da Morte, Califórnia, EUA.

Estação de Vostok, Antártida.

Calcule a diferença entre a maior e a menor temperatura citadas no texto.

7. Calcule o valor das expressões numéricas.

a) $-(+13 - 9 + 4) + (-16 + 23 - 5)$

b) $-9 - [+3 - (1 + 14 - 9) + 6 - 10]$

c) $+15 + \{-7 - [+16 - 3 - (2 + 8 - 1) + 5] + 3\}$

8. Calcule o valor da expressão abaixo.

$+a + \{-a - [+a - b - (c + a - c) + b]\}$

7. Multiplicação com números inteiros

1. Considerando os sinais dos fatores, escreva o sinal do produto.

Fatores	Sinal do produto
Com sinais iguais	
Com sinais diferentes	

2. Responda à questão.

Quando um dos fatores de uma multiplicação com números inteiros for zero, qual será o produto?

_____

3. Efetue as multiplicações com números inteiros.

a) $(-4) \cdot (0)$

e) $(+21) \cdot (-2)$

b) $(+8) \cdot (-3)$

f) $(+87) \cdot (-3)$

c) $(-12) \cdot (-4)$

g) $(-100) \cdot (-1.000)$

d) $(+7) \cdot (-5)$

h) $(+132) \cdot (+11)$

4. Raquel colocou no *freezer* uma forma de cubos de gelo com água na temperatura de 24 °C. A cada hora, a temperatura da água cai 6 °C.

a) Represente com uma multiplicação quantos graus a temperatura da água caiu após 3 horas.

b) Quantas horas, no mínimo, serão necessárias para que Raquel tenha cubos de gelo?

EDUARDO SOUZA

5. Escreva todas as multiplicações com números inteiros possíveis que resultem em cada um dos números.

a) −12

b) +12

6. Calcule o valor de cada expressão.

a) $(-2) \cdot (-5) \cdot (+4)$

e) $(+7) \cdot (-5) \cdot (-3) \cdot (-1)$

b) $(+6) \cdot (-3) \cdot (+2)$

f) $(+9) \cdot (+1) \cdot (+2) \cdot (+5)$

c) $(-10) \cdot (-8) \cdot (+5)$

g) $(-100) \cdot (-50) \cdot (+40) \cdot (-10)$

d) $(-12) \cdot (-5) \cdot (+4) \cdot (-1)$

h) $(-12) \cdot (-100) \cdot (+30) \cdot (-1)$

7. Sabendo que $x \cdot y = 8$ e $x \cdot z = -2$, determine:

a) $x \cdot (y + z)$

c) $x \cdot y \cdot x \cdot z$

b) $x \cdot (y - z)$

d) $x \cdot (y + z) + x \cdot (y - z)$

8. Divisão exata com números inteiros

1. Considerando os sinais do divisor e do dividendo, escreva o sinal do quociente.

Divisor e dividendo	Sinal do quociente
Têm sinais iguais	
Têm sinais diferentes	

2. Responda à questão.
Quando o dividendo for zero, qual será o valor do quociente?

_____

3. Efetue as divisões.

a) $(-35):(-7)$

d) $(-1.320):(-6)$

b) $(+60):(-3)$

e) $(+1.050):(-210)$

c) $(-150):(-30)$

f) $(+910):(+10)$

4. Complete com os sinais $+$ ou $-$ para chegar ao resultado correto.

a) $(75):(15) = -5$

c) $(124):(2) = 62$

b) $(63):(9) = +7$

d) $(93):(3) = -31$

5. Calcule.
$[(-5) \cdot (-1) \cdot (-1) \cdot (-1) \cdot (-1) \cdot (-1)] : [(-1) \cdot (-1) \cdot (-1) \cdot (-1)]$

6. Calcule o valor de cada expressão.

a) $[5 + (-2) \cdot (-3) + 10] : 3$

e) $|(-60) : 2| + |(-10) \cdot 3| - 150$

b) $(-8) - [(-3) \cdot 5] + [(+28) : (+2)]$

f) $32 - 60 \cdot [12 - 4 \cdot (3 + 2) + (-18) : (-2)]$

c) $80 + 9 \cdot [(-2) \cdot 3] - (45 : 5)$

g) $120 - |(-40) : 2| - |2 - 7| \cdot 6 : (-5)$

d) $\left[|-25| \cdot 2 \right] : (-25)$

h) $|18 - 58| \cdot 2 + [(-3) \cdot 4 + 20 : (-2)] \cdot 5$

7. Observe a expressão abaixo e descubra onde está o erro. Em seguida, encontre o valor correto da expressão.

$-16 + 4 \cdot [(-60) : (+10) + 9 \cdot (+2)] =$
$= -12 \cdot [-6 + 18] =$
$= -12 \cdot [+12] = -144$

8. Calcule.

$0 : 45 \cdot [(-1.251) : (-3) + 498 \cdot (-7)]$

9. Ana Cláudia quer comprar uma passagem de avião para Manaus que custa 650 reais, mas não sabe o saldo de sua conta-corrente. No entanto, ela se lembra de que há dois dias sua conta tinha 310 reais de saldo devedor e que ontem recebeu o salário de 1.500 reais. Nesse intervalo, emitiu dois cheques, um de 220 reais e outro de 180 reais.

a) Calcule o saldo da conta-corrente de Ana Cláudia.

b) Quanto sobrará na conta-corrente se ela comprar a passagem?

10. Carlos estava de férias em São Joaquim, Santa Catarina, uma das cidades mais frias do Brasil. Às 8 horas da noite, quando a temperatura ainda apontava 15 °C, ele ouviu no noticiário que uma frente fria chegaria à cidade, baixando a temperatura a −3 °C no final da madrugada.

a) Considerando que a madrugada termina às 5 horas e a queda na temperatura foi constante, quantos graus Celsius a temperatura caiu por hora?

Geada em São Joaquim, Santa Catarina.

b) Qual foi a temperatura à meia-noite?

9. Potenciação em que a base é um número inteiro

1. Responda às questões.

a) Qual é o valor da potência cuja base é um número inteiro e o expoente é 1?

_____

b) Qual é o valor da potência de expoente zero que tem como base um número inteiro não nulo?

_____

2. Classifique cada sentença em V (verdadeira) ou F (falsa).

a) Para multiplicar potências de mesma base, conservamos a base e somamos os expoentes. ☐

b) Para dividir qualquer potência por outra de mesma base, não nula, conservamos a base e subtraímos os expoentes. ☐

c) Para elevar uma potência a um expoente, conservamos a base e multiplicamos os expoentes. ☐

d) Para elevar um produto ou um quociente a um expoente, elevamos cada fator (ou o dividendo e o divisor) a esse expoente. ☐

3. Sem calcular as potências, determine se o resultado será positivo ou negativo.

a) $(-5)^{10}$

b) $(-6)^{19}$

c) $(-1)^{199}$

d) $(-900)^{1}$

e) $(+5)^{3}$

f) $(-54)^{5}$

g) $(-102)^{102}$

h) $(75)^{75}$

i) $(-194)^{0}$

j) $(-18)^{2}$

4. Escreva as potências em ordem crescente.

$(-3)^3$	$(+2)^5$	$(-4)^3$	$(1.000)^0$	$(-2)^2$	$(+4)^3$	$(-1)^5$	$(+3)^4$

5. Calcule as potências abaixo.

a) $(3)^{3}$

b) $(-5)^{4}$

c) $(-10)^5$

g) $(12)^2$

d) $(8)^0$

h) $(-4)^3$

e) $(-1.000.000)^1$

i) $(-1.000)^2$

f) $(-10.000)^1$

j) $(30)^4$

6. Escreva, em forma de potência, a quantidade de quadradinhos de cada figura.

a)

_____

c)

_____

b)

_____

d)

_____

7. Imagine um cubo formado por 64 cubinhos. Escreva, em forma de potência, essa quantidade de cubinhos.

8. Aplique as propriedades da potenciação e reduza cada caso a uma única potência.

a) $(-4)^2 \cdot (-4)^3$

f) $(-45)^7 \cdot (-45)^3$

b) $8^2 : 8^1$

g) $40^{12} : 40^8$

c) $(-6)^5 \cdot (-6)^3$

h) $320^{150} : 320^{100}$

d) $10^8 \cdot 10^5$

i) $(-7)^{11} \cdot (-7)^2$

e) $120^{15} \cdot 120^{15}$

j) $17^9 \cdot 17^6$

9. Reduza a uma única potência.

$[(-8)^4 : (+8)^3] \cdot [(-8)^6 \cdot (+8)^5] : [(-8)^2 : (+8)^2]$

10. Calcule.

a) $[(-2)^5 : (-2)^2] + 3 \cdot (-2)^2$

c) $[(5)^4 \cdot (5)^5 : (5)^7]$

b) $[(-3)^5 : (-3)^3] + (10)^2$

d) $[(4)^8 : (4)^6] \cdot (3)^3$

e) $[(1)^2 \cdot (3)^3 \cdot (-2)^2] + 10^3$

h) $[(10)^2 \cdot (5)^4 : (-5)^3] + [(-3)^2 + (1)^6] \cdot 2^5$

f) $[(5)^2 \cdot (10)^3 : (-5)^2] - [(10)^2 + (-10)^2]$

i) $[(10)^8 : (10)^4] \cdot (10)^3$

g) $[(8)^2 : (4)^2 \cdot (-4)^3] + [(-7)^2 + (2)^5]$

j) $[(111)^2 \cdot (15)^4 : (-25)^7]^0 \cdot [(-314)^0 + (7)^2]$

10. Raiz quadrada exata de um número inteiro

1. Calcule.

a) $\sqrt{4}$

e) $\sqrt{36}$

b) $\sqrt{16}$

f) $\sqrt{49}$

c) $\sqrt{25}$

g) $\sqrt{64}$

d) $\sqrt{144}$

h) $\sqrt{225}$

2. Responda.

   a) Qual é a raiz quadrada de um número inteiro cujo quadrado é 676?

   _____

   b) A raiz quadrada de um número inteiro é 17. Que número é esse?

   _____

   c) Qual é o quadrado do número inteiro cuja raiz quadrada é 12?

   _____

3. Calcule o valor das expressões a seguir.

   a) $20 - 10 \cdot \sqrt{25} + \sqrt{36}$

   d) $2 + 3 \cdot \sqrt{49} + \sqrt{4} \cdot 3 + \sqrt{9}$

   b) $(20 \cdot \sqrt{144} - 10 \cdot \sqrt{25}) : (\sqrt{16} - \sqrt{4})$

   e) $[(-4)^2 \cdot \sqrt{81}] : (2 \cdot \sqrt{36})$

   c) $[(-10)^2 \cdot (10)^5 : (10)^3] \cdot \sqrt{10.000} : 10^2$

   f) $[(-2)^8 : (-2)^0] + [\sqrt{9} + 3 \cdot \sqrt{25}]$

4. Calcule, sendo $x \neq 0$.

   $\left[x^5 \cdot \sqrt{x^2} : x^4 + (-x) \cdot (-x) \right]$

5. Encontre o resultado do exercício anterior considerando os seguintes valores para x:

   a) $x = 10$

   b) $x = -10$

UNIDADE 3 Ângulos

1. Ângulos e suas medidas

1. Em cada foto abaixo, há locais em que é possível identificar ângulos. Trace nas fotos os ângulos que você identificou.

IMAGES & STORIES/ALAMY/FOTOARENA

ERNESTO REGHRAN/PULSAR IMAGENS

ALFONSO DE TOMÁS/SHUTTERSTOCK

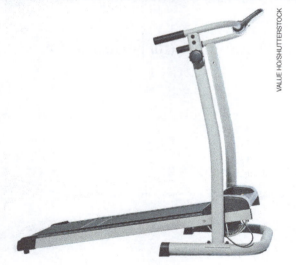

VALUE HO/SHUTTERSTOCK

2. Escreva o nome do ângulo e de seus lados.

a)
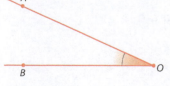

Ângulo: _____

Lados: _____

b)
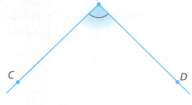

Ângulo: _____

Lados: _____

ILUSTRAÇÕES: LUIZ RUBIO

c)

Ângulo: _____

Lados: _____

d)

Ângulo: _____

Lados: _____

3. Observe a figura e escreva a medida dos ângulos abaixo.

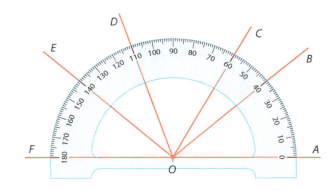

a) med $(A\widehat{O}B) =$ _____

b) med $(A\widehat{O}C) =$ _____

c) med $(A\widehat{O}D) =$ _____

d) med $(A\widehat{O}E) =$ _____

e) med $(A\widehat{O}F) =$ _____

4. Observe o menor ângulo formado pelos ponteiros de cada relógio e escreva a medida de cada um desses ângulos.

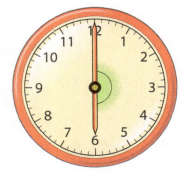

_____   _____   _____

5. Meça os ângulos utilizando um transferidor.

a)

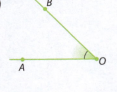

_____

b)

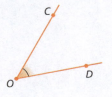

_____

c)

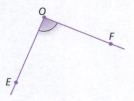

_____

d)

_____

e)

_____

f)

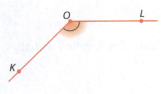

_____

g)

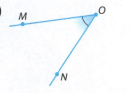

_____

h)

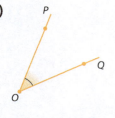

_____

6. Desenhe os ângulos pedidos com o auxílio do transferidor.

a) Ângulo $A\widehat{O}B$, medindo 165°.

b) Ângulo $C\widehat{O}D$, medindo 77°.

7. Utilizando o transferidor, descubra a medida dos ângulos internos do pentágono regular abaixo.

8. Utilizando o transferidor, descubra a medida dos ângulos internos do triângulo abaixo.

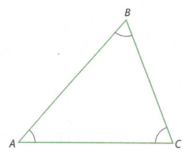

9. Utilizando o transferidor, descubra a medida de cada ângulo interno do polígono abaixo.

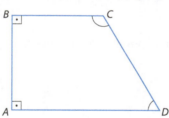

10. Utilizando o transferidor e a régua, construa um triângulo equilátero de forma que seus lados meçam 4 cm. Nomeie os vértices e indique a medida dos ângulos.

11. Usando um transferidor, meça cada ângulo abaixo.

a)

d)

b)

e)

c)

f)

• Quais desses ângulos são congruentes?

_____

12. No paralelogramo abaixo, pinte com a mesma cor os ângulos congruentes.

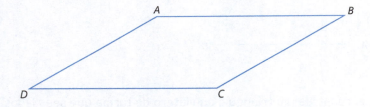

13. Desenhe um quadrilátero com quatro ângulos congruentes.

2. Ângulos consecutivos e ângulos adjacentes

1. Complete as sentenças.

a) Todos os ângulos que têm em comum o vértice e um dos lados são denominados

_____.

b) Dois ângulos consecutivos que não possuem pontos internos comuns são chamados

_____.

2. Observe a figura e responda às questões a seguir.

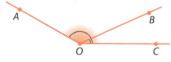

a) Os ângulos $A\hat{O}B$ e $A\hat{O}C$ são consecutivos? Por quê?

_____

b) Os ângulos $A\hat{O}C$ e $B\hat{O}C$ são consecutivos? Por quê?

_____

c) Os ângulos $A\hat{O}B$ e $B\hat{O}C$ são adjacentes? Por quê?

_____

d) Os ângulos $A\hat{O}C$ e $B\hat{O}C$ são adjacentes? Por quê?

_____

3. Responda: dois ângulos podem ser consecutivos e adjacentes? Se for possível, desenhe

ângulos que atendam a essa condição. _____

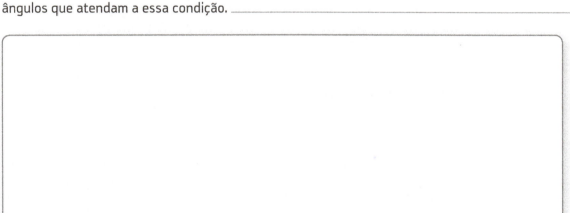

4. Responda: dois ângulos podem ser adjacentes e não consecutivos? Se for possível, desenhe

ângulos que atendam a essa condição. _____

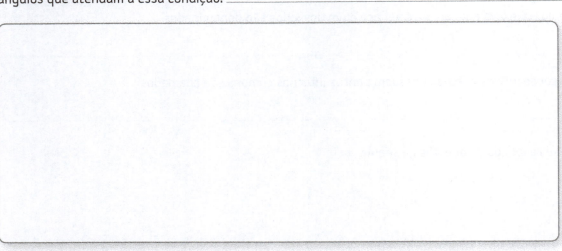

5. Observe a figura abaixo e responda às questões.

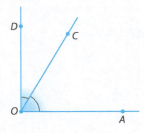

a) Quais são os pares de ângulos adjacentes?

_____

_____

b) Quais são os pares de ângulos consecutivos?

_____

_____

6. Identifique dez pares de ângulos adjacentes na figura abaixo.

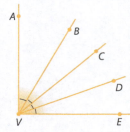

_____

_____

7. Observe a figura e resolva o problema.

Os ângulos $A\widehat{O}B$ e $B\widehat{O}C$ são adjacentes. Sabendo que med $(A\widehat{O}C) = 110°$ e que $A\widehat{O}B$ mede o triplo de $B\widehat{O}C$, descubra a medida de cada um dos ângulos.

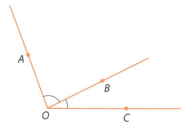

3. Ângulos complementares e ângulos suplementares

1. Complete as lacunas tornando as frases verdadeiras.

a) Quando a soma das medidas de dois ângulos é igual a 90°, os ângulos são denominados

_____.

b) Quando a soma das medidas de dois ângulos é igual a 180°, os ângulos são denominados

_____.

2. Observe a figura e, com um transferidor, identifique os pares de ângulos complementares e suplementares.

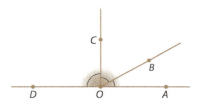

3. Calcule a medida do complemento de cada ângulo.

a) med $(A\widehat{O}B) = 12°$

b) med $(D\widehat{O}E) = 7°$

c) med $(I\widehat{O}J) = 40°$

d) med $(P\widehat{O}Q) = 65°$

e) med $(R\widehat{O}S) = 77°$

f) med $(U\widehat{O}V) = 39°$

4. Calcule a medida do suplemento de cada ângulo.

a) med $(A\widehat{O}B) = 82°$

d) med $(R\widehat{O}S) = 171°$

b) med $(D\widehat{O}E) = 79°$

e) med $(U\widehat{O}V) = 19°$

c) med $(I\widehat{O}J) = 147°$

f) med $(X\widehat{O}Y) = 112°$

5. Com a ajuda de um transferidor, trace um ângulo complementar ao ângulo $A\widehat{O}B$ de modo que contenha um dos lados desse ângulo.

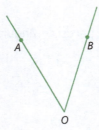

6. Com a ajuda de um transferidor, trace um ângulo suplementar ao ângulo $A\widehat{O}B$ de modo que contenha um dos lados desse ângulo.

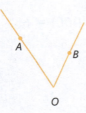

7. (ETF-RJ) Quais são as medidas do complemento e do suplemento de um ângulo de 40°?

8. (Ceag) Dois ângulos adjacentes são suplementares. Quanto mede o ângulo formado pelas bissetrizes desses ângulos?

9. Utilizando um transferidor, meça os ângulos abaixo e determine seu complemento e suplemento.

a)

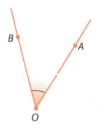

c)

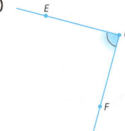

b)

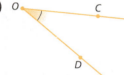

d)

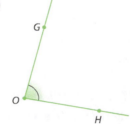

10. Observe a figura e descubra as medidas dos ângulos indicados sabendo que med $(A\widehat{O}B) = 25°$, med $(A\widehat{O}E) = 180°$, $\overrightarrow{OC}$ é a bissetriz de $A\widehat{O}E$ e $\overrightarrow{OD}$ é a bissetriz de $C\widehat{O}E$.

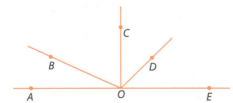

med $(B\widehat{O}C)$
med $(C\widehat{O}D)$
med $(B\widehat{O}D)$

11. Observe a figura e descubra as medidas do ângulo $B\widehat{O}C$ sabendo que med $(A\widehat{O}B) = 20°$, med $(C\widehat{O}D) = 15°$ e $\overrightarrow{AO}$ e $\overrightarrow{OD}$ são semirretas opostas.

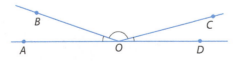

med $(B\widehat{O}C)$

4. Bissetriz de um ângulo

1. Analise as figuras e determine:

a) as medidas dos ângulos $A\widehat{V}B$ e $C\widehat{V}B$, sabendo que med $(A\widehat{V}C) = 90°$ e $\overrightarrow{VB}$ é a bissetriz de $A\widehat{V}C$;

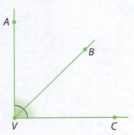

b) as medidas dos ângulos $D\widehat{V}E$ e $F\widehat{V}E$, sabendo que med $(D\widehat{V}F) = 60°$ e $\overrightarrow{VE}$ é a bissetriz de $D\widehat{V}F$;

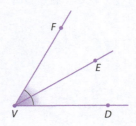

c) as medidas dos ângulos $G\widehat{V}H$, $H\widehat{V}I$, $I\widehat{V}J$ e $J\widehat{V}K$, sabendo que med $(G\widehat{V}K) = 120°$, $\overrightarrow{VI}$ é a bissetriz de $G\widehat{V}K$, $\overrightarrow{VH}$ é a bissetriz de $G\widehat{V}I$ e $\overrightarrow{VJ}$ é a bissetriz de $I\widehat{V}K$.

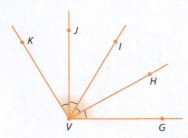

2. Com o auxílio de um compasso, trace a bissetriz dos ângulos.

a)

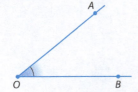

c)

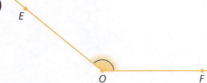

b)

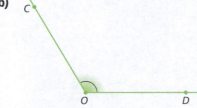

3. Com a ajuda de um transferidor, trace um ângulo de 150° e depois sua bissetriz. Em seguida, trace um ângulo de 37° 30'.

4. Com a ajuda de um transferidor, trace um ângulo $A\widehat{O}C$ de 90° e sua bissetriz $\overrightarrow{OB}$ e, em seguida, trace dois ângulos de 22° 30'.

5. Na figura abaixo, med $(A\widehat{O}B) = 100°$ e med $(B\widehat{O}C) = 70°$. Sabendo que $\overrightarrow{OP}$ e $\overrightarrow{OQ}$ são bissetrizes dos ângulos, respectivamente, descubra a medida do ângulo $P\widehat{O}Q$.

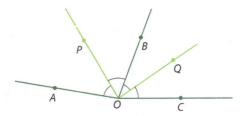

6. Na figura abaixo, med $(A\widehat{O}C) = 180°$ e med $(A\widehat{O}B) = 65°$. Sabendo que $\overrightarrow{OP}$ e $\overrightarrow{OQ}$ são bissetrizes dos ângulos $A\widehat{O}B$ e $B\widehat{O}C$, respectivamente, descubra a medida do ângulo $P\widehat{O}C$.

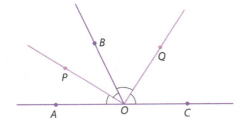

ILUSTRAÇÕES: LUIZ RUBIO

5. Ângulos opostos pelo vértice

1. Identifique as frases corretas e marque-as com um **X**.

    a) Dois ângulos são opostos pelo vértice quando os lados de um deles são semirretas opostas aos lados do outro.

    b) Dois ângulos são opostos pelo vértice quando os lados de um deles são semirretas paralelas aos lados do outro.

    c) Dois ângulos opostos pelo vértice têm a mesma medida, isto é, são congruentes.

    d) Dois ângulos opostos pelo vértice têm a mesma medida, isto é, são adjacentes.

2. Nas figuras abaixo, x e y são medidas de ângulos. Encontre os valores de x e y para cada caso.

a)

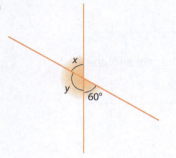

d)

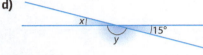

b)

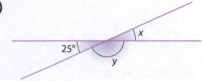

e)

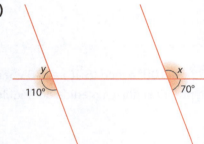

c)

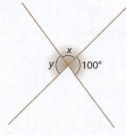

f)

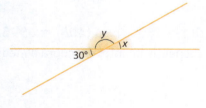

3. Marque com **X** os ângulos opostos pelo vértice na figura abaixo.

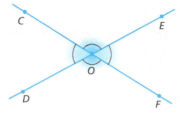

a) $C\hat{O}D$ e $D\hat{O}E$

b) $C\hat{O}D$ e $E\hat{O}F$

c) $C\hat{O}F$ e $E\hat{O}F$

d) $C\hat{O}E$ e $D\hat{O}F$

e) $E\hat{O}F$ e $E\hat{O}D$

4. (UFMG) Duas retas que se cortam formam quatro ângulos. Se um deles mede 80°, calcule as medidas dos outros três.

5. Na figura abaixo, w, x, y e z são medidas de ângulos. Encontre cada medida sabendo que $y = 2x$.

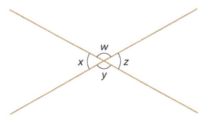

6. (UFMA) Dois ângulos opostos pelo vértice medem $3x + 10°$ e $x + 50°$. Um deles mede:

a) 20°   b) 70°   c) 30°   d) 80°   e) 50°

ILUSTRAÇÕES: LUIZ RUBIO

6. Ângulos formados por duas retas paralelas cortadas por uma transversal

1. Observe as retas *r* e *s*, sendo *r//s*. Determine as medidas dos ângulos em cada figura.

a)

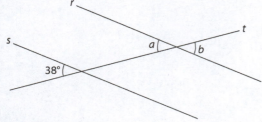

b)

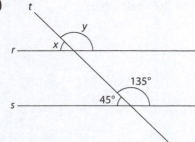

2. Considerando que as retas *r* e *s* são paralelas, calcule, em cada caso, os valores de *a* e *b*:

a)

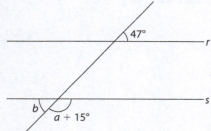

b)

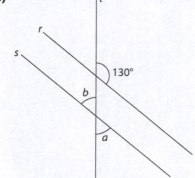

ILUSTRAÇÕES: ANDERSON DE ANDRADE PIMENTEL

ESTRATÉGIA PARA CONHECER

Resolver por tentativa e erro

- **Um problema**

    Coloque os sinais $+$, $-$ e $\times$ entre os números para que a expressão seja verdadeira.

    $$1 \qquad 2 \qquad 3 \qquad 4 \qquad 5 \qquad 6 \qquad 7 \qquad 8 \qquad 9 \qquad = \qquad -24$$

    Dica: você terá de usar um sinal de associação.

- **Para resolver um problema por tentativa e erro**

EU DEVO...	PARA...
1 **extrair do enunciado as informações importantes para as tentativas.** Devo completar a expressão com os sinais $+$, $-$ e $\times$. E, segundo a dica, terei de usar os parênteses para associar alguns números.	• fazer as tentativas.
2 **escolher uma sequência de sinais para fazer a primeira tentativa.** Usando apenas o sinal $+$: $1 + 2 + 3 + 4 + 5 + 6 + 7 + 8 + 9$ $\qquad 6 \qquad + \qquad 15 \qquad + \qquad 24$ $\qquad\qquad\qquad\qquad 45$	• analisar a resolução e encontrar uma alternativa para obter a solução.
3 **analisar a resolução.** $1 + 2 + 3 + 4 + 5 + 6 + 7 + 8 + 9 \neq -24$ $\qquad 6 \qquad\quad 15 \qquad\quad 24$ O resultado obtido é diferente de -24. Adicionando os três últimos números da expressão, obtenho 24. Para chegar ao resultado desejado (-24), posso usar o sinal $-$ no lugar do sinal $+$ entre esses três números. $-7 - 8 - 9 = -24$	• verificar se a tentativa levou à solução do problema; em caso negativo, realizar uma nova tentativa.
4 **encontrar a solução.** Como já obtive -24 com uma parte da expressão, devo usar os sinais de modo que o restante da expressão resulte em zero. $1 \quad 2 \quad 3 \quad 4 \quad 5 \quad 6 = 0$ Uma forma de obter zero em uma expressão é cancelar os termos entre si. Colocando os sinais $+$ e $-$ de modo a obter o maior número de cancelamentos possível, consigo o seguinte: $1 + 2 + 3 - 4 + 5 - 6$ $\qquad\qquad\qquad 0$ Sobrou o número 1. Entretanto, como a multiplicação de qualquer número inteiro por zero resulta em zero, posso usar os parênteses para associar os números cancelados. $1 \cdot (2 + 3 - 4 + 5 - 6) = 1 \cdot 0 = 0$	• resolver o problema.
5 **conferir a solução.** $1 \cdot (2 + 3 - 4 + 5 - 6) - 7 - 8 - 9 = 1 \cdot 0 - 24 = -24$	• verificar se a solução encontrada atende a todas as exigências do enunciado.

PROBLEMAS PARA RESOLVER

1 NÚMEROS INTEIROS

Os dispositivos abaixo realizam a adição e a multiplicação de dois números inteiros, como mostra o exemplo.

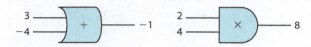

- Descubra o valor do número indicado pela letra *A* para obter o resultado abaixo.

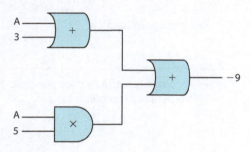

2 OS OVOS

Em uma barraca de feira havia seis cestas de ovos: três com ovos de galinha e três com ovos de pata. Em cada cesta havia uma etiqueta indicando o número de ovos que continha: 6, 8, 9, 10, 12 ou 13.

a) A que cesta se referia a vendedora?

b) Quais cestas contêm ovos de galinha e quais cestas contêm ovos de pata?

3 **O TREINAMENTO**

Um maratonista começou um programa de treinamento no qual cada dia ele corria 2 quilômetros a mais que no dia anterior. Após 7 dias, ele já havia percorrido 70 quilômetros no total. Quantos quilômetros ele correu no 7º dia de seu treinamento?

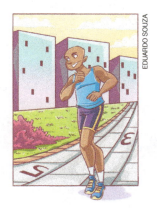

EDUARDO SOUZA

4 **CRUZADINHA NUMÉRICA**

Complete o quadro com um dos sinais de operação: +, − ou ×.

Ao completar a cruzadinha, serão formadas quatro expressões nas linhas, resolvidas da esquerda para a direita, e quatro expressões nas colunas, resolvidas de cima para baixo. Cada número que está no quadrado azul é a soma dos quatro números que estão em seus vértices.

5		0		8		18	=	10
	10		40		70			
2							=	20
	20		50		80			
1							=	25
	30		60		90			
13							=	0
=		=		=		=		
−6		25		196		−448		

PARTE 2

Conjunto dos números racionais

- $\mathbb{Q} = \left\{ \dfrac{a}{b}, \text{ sendo } a \text{ e } b \text{ números inteiros e } b \neq 0 \right\}$

- Cada **número racional** é associado a um só ponto da reta numérica.

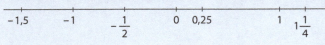

Operações

- **Adição**
  Sinal da soma:
  - Se duas parcelas tiverem sinais iguais, a soma terá o mesmo sinal delas.
  - Se duas parcelas tiverem sinais diferentes, a soma terá o sinal da parcela de maior módulo.
  - Se uma das duas parcelas for igual a zero, a soma terá o mesmo sinal da parcela não nula.

  Exemplos de cálculos:

  $(+0{,}25) + (-0{,}5) = -0{,}25$

  $\left(+\dfrac{2}{3}\right) + \left(+\dfrac{1}{2}\right) = \left(+\dfrac{4}{6}\right) + \left(+\dfrac{3}{6}\right) = \dfrac{7}{6}$

  $(+0{,}6) + \left(-\dfrac{1}{10}\right) = \left(+\dfrac{6}{10}\right) + \left(-\dfrac{1}{10}\right) =$

  $= \dfrac{5}{10} = \dfrac{1}{2}$

- **Subtração**
  Para subtrair dois números racionais, adicionamos o primeiro ao oposto do segundo e aplicamos a mesma regra de sinais da adição.

  $\left(+\dfrac{1}{3}\right) - \left(+\dfrac{2}{5}\right) = \left(+\dfrac{5}{15}\right) + \left(-\dfrac{6}{15}\right) = -\dfrac{1}{15}$

- **Multiplicação**
  Sinal do produto:
  - Se dois fatores tiverem sinais iguais, o produto será positivo.
  - Se dois fatores tiverem sinais diferentes, o produto será negativo.
  - Se um dos fatores for zero, o produto será zero.

Exemplos de cálculos:

$(+3{,}6) \cdot (-0{,}5) = -1{,}8$

$\left(+\dfrac{2}{7}\right) \cdot \left(-\dfrac{3}{5}\right) = -\dfrac{6}{35}$

- **Divisão**
  A divisão entre dois números racionais segue a mesma regra de sinais da multiplicação:

  $(+1{,}5) : (-0{,}5) = -3$

  $\left(-\dfrac{6}{5}\right) : \left(-\dfrac{3}{4}\right) = \left(-\dfrac{\overset{2}{6}}{5}\right) \cdot \left(-\dfrac{4}{\underset{1}{3}}\right) = \dfrac{8}{5}$

- **Potenciação**
  Para todo número racional a e número inteiro n, sendo $n > 1$, temos:

  $$\underset{\text{base}}{\overset{\text{expoente}}{a^n}} = \underbrace{a \cdot a \cdot a \cdot \ldots \cdot a}_{n}$$

  $0{,}4^2 = 0{,}4 \cdot 0{,}4 = 0{,}16$

  $\left(-\dfrac{1}{5}\right)^3 = \left(-\dfrac{1}{5}\right) \cdot \left(-\dfrac{1}{5}\right) \cdot \left(-\dfrac{1}{5}\right) = -\dfrac{1}{125}$

  Para todo número racional a, sendo $a \neq 0$ e n um número natural, temos:

  $a^{-n} = \dfrac{1}{a^n}$

  $3^{-2} = \dfrac{1}{3^2} = \dfrac{1}{9}$

- **Raiz quadrada**
  A raiz quadrada de um número racional a não negativo é um número racional não negativo que, elevado ao quadrado, resulta em a.

  $\sqrt{1{,}21} = 1{,}1$, pois $(1{,}1)^2 = 1{,}21$

Medidas de comprimento – Transformações

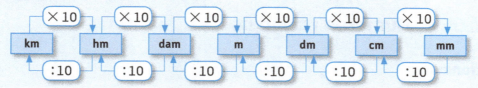

Medidas de superfície-área – Transformações

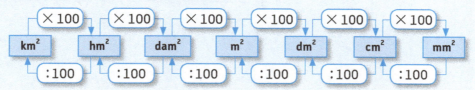

Medidas de tempo – Transformações

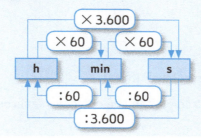

Medidas de massa – Transformações

Medidas de capacidade – Transformações

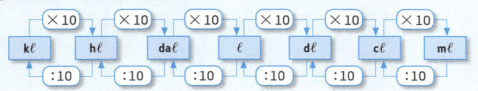

Medidas de espaço-volume – Transformações

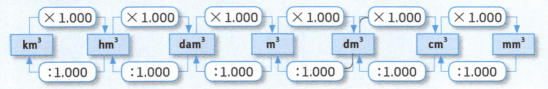

Expressões algébricas

São expressões que traduzem situações-problema em linguagem algébrica (números, letras e sinais).

O valor numérico de uma expressão algébrica é o resultado que obtemos quando substituímos as letras por números e efetuamos todas as operações indicadas.

1. Números racionais

1. Escreva cada uma das frações na forma decimal.

a) $\dfrac{7}{9}$

c) $-\dfrac{125}{3}$

b) $3\dfrac{1}{4}$

d) $-4\dfrac{1}{12}$

2. Classifique as afirmações em **V** (verdadeira) ou **F** (falsa).

a) Na reta numérica, o número 0,4 está compreendido entre os números $\dfrac{1}{3}$ e $\dfrac{3}{5}$. ☐

b) Na reta numérica, o número $\dfrac{12}{20}$ está compreendido entre os números $-0,4$ e $-0,6$. ☐

c) Na reta numérica, o número 0,375 está compreendido entre os números $\dfrac{1}{4}$ e $\dfrac{1}{3}$. ☐

d) Na reta numérica, o número $-0,7$ está compreendido entre os números $\dfrac{6}{10}$ e $\dfrac{8}{10}$. ☐

e) Na reta numérica, o número $1\dfrac{2}{7}$ está compreendido entre 1,2 e 1,3. ☐

3. Identifique o menor número em cada caso.

a) $-0,8$ e $-\dfrac{3}{5}$

d) $-0,4$ e $-\dfrac{1}{3}$

b) $\dfrac{1}{6}$ e $0,8$

e) $\dfrac{1}{4}$ e $0,33$

c) $\dfrac{2}{7}$ e $0,35$

f) $\dfrac{5}{4}$ e $\dfrac{2}{3}$

4. Escreva os números do exercício anterior em ordem crescente.

5. Compare os números da coluna 1 e da coluna 2 e complete a coluna do meio com os sinais $>$, $<$ ou $=$.

Coluna 1	Sinal	Coluna 2
$\dfrac{6}{7}$		$\dfrac{3}{4}$
$0,25$		$\dfrac{2}{7}$
$\dfrac{2}{3}$		$0,4$
$0,5$		$\dfrac{1}{2}$
$-0,7$		$\dfrac{14}{20}$

6. Complete com o número que torna a igualdade verdadeira.

a) $0,8 = \dfrac{\square}{5}$

c) $-\dfrac{\square}{8} = -0,75$

b) $-0,375 = -\dfrac{3}{\square}$

d) $2,5 = 2\dfrac{\square}{2}$

7. Associe cada número racional da primeira coluna ao intervalo ao qual o número pertence na segunda coluna.

Número racional	Intervalo ao qual pertence
a) $\dfrac{10}{15}$	I) $-7,5$ a $-8,0$
b) $\left| -\dfrac{9}{8} \right|$	II) $0,5$ a $0,7$
c) $2\dfrac{3}{5}$	III) $1,1$ a $1,2$
d) $\left| -\dfrac{19}{99} \right|$	IV) $2,1$ a $2,8$
e) $-7\dfrac{5}{6}$	V) $0,15$ a $0,2$

8. Fábio, Fernando e Felipe são irmãos. As alturas deles são, respectivamente, $1\dfrac{1}{2}$ m, 145 cm e 1,6 m. Escreva o nome dos três irmãos em ordem decrescente de altura.

2. Adição e subtração com números racionais

1. Recorde e encontre o mmc dos seguintes números:

a) mmc (3, 9, 12)

c) mmc (5, 6, 8)

b) mmc (4, 8, 12)

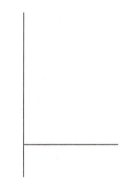

d) mmc (4, 5, 10)

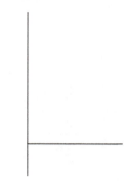

2. Calcule o resultado das operações.

a) $\left(-\frac{4}{5}\right) + \left(-\frac{1}{3}\right)$

d) $45{,}2 + 8{,}6$

b) $\frac{2}{7} + \left(-\frac{1}{2}\right)$

e) $1{,}255 + 0{,}055$

c) $9{,}1 - (-7{,}5)$

f) $\frac{11}{15} - \frac{6}{5}$

g) $\dfrac{26}{7} + \dfrac{13}{3}$

i) $(-0{,}0654) - (-0{,}0954)$

h) $\left(-\dfrac{9}{4}\right) - \left(-\dfrac{3}{8}\right)$

j) $\left(-\dfrac{13}{3}\right) - \left(-\dfrac{28}{5}\right)$

3. Determine o valor de x para que a igualdade seja verdadeira.

$$-\left(-\dfrac{5}{3}\right) + (-x) = -\dfrac{1}{9}$$

4. Determine o resultado da expressão.

$$-\left(\dfrac{8}{15}\right) - \left(-\dfrac{9}{2}\right) - \left(\dfrac{1}{3}\right)$$

5. Sabrina foi ao supermercado e comprou $\dfrac{1}{8}$ kg de presunto, 100 g de muçarela, 2 kg de feijão, $\dfrac{1}{4}$ kg de café, 5 kg de arroz e 500 g de macarrão. Quantos quilogramas de alimentos Sabrina comprou?

EDUARDO SOUZA

6. Veja o extrato de uma conta-corrente e calcule o saldo dia a dia.

Data	Histórico	R$
10/2	Saldo anterior	654,33
10/2	Salário do mês	857,11
10/2	Cheque 1	125,21
10/2	Saque	25,00
10/2	Cheque 2	38,13
10/2	Cheque 3	277,89
10/2	Saldo	
11/2	Débito automático	256,45
11/2	Saque	250,00
11/2	Depósito em cheque	30,00
11/2	Cheque 4	211,95
11/2	Saldo	
12/2	Depósito em dinheiro	125,50
12/2	Saque	30,00
12/2	Débito automático	47,89
12/2	Tarifas bancárias	5,12
12/2	Parcela 1/12 empréstimo	431,20
12/2	Saldo	

7. Observando o exercício anterior, responda: qual é a diferença, em reais, do saldo anterior do dia 10/2 até o saldo final do dia 12/2?

8. Calcule e dê o resultado aproximado na forma decimal.

a) $\left(-\dfrac{4}{7}\right) + \left(-\dfrac{1}{2}\right)$

d) $\dfrac{11}{10} + \dfrac{4}{5}$

b) $\dfrac{3}{8} - \left(-\dfrac{5}{6}\right)$

e) $\left(-\dfrac{7}{9}\right) + \dfrac{1}{5}$

c) $\left(-\dfrac{12}{5}\right) - \left(-\dfrac{13}{4}\right)$

f) $\left(\dfrac{3}{4}\right) - \left(-\dfrac{1}{3}\right)$

9. Percival tem um caminhão-baú cuja capacidade de carga é 300 kg. Ele prometeu ajudar na mudança de seu amigo João e levará os eletrodomésticos listados no quadro abaixo.

Eletrodoméstico	Massa (em kg)
Geladeira	87,35
Fogão	48,93
Lavadora de roupas	40,26
Lavadora de pratos	35,15
Micro-ondas	15,70

a) Qual é a massa total dos eletrodomésticos?

b) A capacidade de carga do caminhão-baú é compatível com o total da massa dos eletrodomésticos?

3. Adição algébrica

1. Determine o valor das expressões.

a) $\left(\dfrac{3}{8}\right) + \left(\dfrac{1}{3}\right) - 0,3$

d) $3,52 - \dfrac{14}{17} + \left(-\dfrac{4}{3} - \dfrac{7}{2}\right)$

b) $\dfrac{4}{5} - \left(-\dfrac{5}{2}\right) + 0,82 - \dfrac{3}{5}$

e) $1\dfrac{15}{20} + \left(5\dfrac{1}{4} - 4\dfrac{2}{3}\right) - 3\dfrac{1}{2}$

c) $2,15 - (-1,53) + \left(\dfrac{1}{7} - \dfrac{9}{4}\right)$

f) $\left(\dfrac{3}{14} - 0,91\right) - \left(\dfrac{3}{18} + \dfrac{21}{30} - 0,33\right)$

2. Calcule o valor aproximado da expressão.

$$\dfrac{7}{2} - \left\{\left[0,85 + \left(-\dfrac{4}{5}\right)\right] - \left[-(4,96) + \dfrac{2}{18}\right]\right\}$$

3. Calcule e responda.

a) Qual é o número racional que adicionado a $\dfrac{1}{8}$ tem como resultado $\dfrac{6}{8}$?

b) Qual é o número racional que subtraído de $\dfrac{2}{3}$ tem como resultado $\dfrac{4}{7}$?

c) Qual é o número racional que somado a $\frac{8}{5}$ tem como resultado $-\frac{2}{3}$?

d) Qual é o número racional que subtraído de $-\frac{2}{9}$ tem como resultado $\frac{7}{9}$?

4. Calcule o valor da expressão.

$$\frac{6}{x} + \frac{5}{2x} - \frac{2}{x}$$

5. Qual deve ser o valor de x no exercício anterior para que a fração seja equivalente a $-1,6$?

6. Calcule o valor da expressão.

$$-\left(-\frac{3x}{5}\right) + 0,7x + \left(-\frac{14x}{28}\right) - 1,3x$$

7. Qual deve ser o valor de x no exercício anterior para que o resultado seja equivalente a $\frac{7}{2}$?

8. Calcule o valor da expressão.

$$-8 \cdot \left\{ \frac{7}{8} - \left[(2 + 0,45) - \frac{9}{20} \right] + \frac{2}{16} \right\}$$

4. Multiplicação com números racionais

1. Complete o quadro abaixo com os sinais dos fatores, em uma multiplicação de números racionais, analisando o sinal do produto.

Fatores	Sinais dos fatores	Produto
Com o mesmo sinal		Positivo (+)
Com sinais diferentes		Negativo (−)

2. Escreva os números decimais na forma de fração irredutível.

a) 2,16

c) −0,78

b) −1,15

d) 14,4

3. Calcule o resultado das multiplicações.

a) $\left(-\dfrac{7}{9}\right) \cdot \left(+\dfrac{2}{5}\right)$

c) $\left(-\dfrac{1}{9}\right) \cdot (+4,35)$

b) $\left(\dfrac{11}{12}\right) \cdot \left(-\dfrac{3}{5}\right)$

d) $\left(-\dfrac{7}{9}\right) \cdot (-3,9)$

e) $\left(+\dfrac{2}{3}\right) \cdot \left(+\dfrac{3}{7}\right)$

g) $(-0,25) \cdot \left(-\dfrac{3}{4}\right)$

f) $(+5,5) \cdot \left(+\dfrac{1}{2}\right)$

h) $(-0,015) \cdot \left(-\dfrac{1}{4}\right)$

4. Observe as respostas do exercício acima e calcule o produto dos itens **a**, **e** e **g**.

5. Efetue e represente o resultado como número decimal.

$\left(-\dfrac{15}{8}\right) \cdot \left(\dfrac{2}{27}\right) \cdot \left(-\dfrac{4}{5}\right)$

6. Calcule o valor da expressão.

$\left(-\dfrac{2}{3}+\dfrac{1}{4}\right) \cdot \left(\dfrac{3}{2}-\dfrac{1}{6}\right) \cdot \left(-\dfrac{3}{5}-\dfrac{3}{2}\right) \cdot \left(\dfrac{4}{3}-\dfrac{2}{5}\right)$

7. Associe cada operação ao seu resultado.

Operação	Resultado
a) $(+4,5) \cdot (-2,3) \cdot (+1,6)$	**I)** $-0,2$
b) $(+0,5) \cdot (-7,4) \cdot (-2,1)$	**II)** $-544,5$
c) $\left(-\dfrac{1}{4}\right) \cdot \left(+\dfrac{6}{5}\right) \cdot \left(+\dfrac{3}{5}\right)$	**III)** $-16,56$
d) $(-2,1) \cdot \left(-\dfrac{5}{42}\right) \cdot \left(-\dfrac{4}{5}\right)$	**IV)** $+7,77$
e) $(+16,2) \cdot \left(+\dfrac{75}{27}\right) \cdot (-12,1)$	**V)** $-0,18$

8. Classifique as afirmações em **V** (verdadeira) ou **F** (falsa).

a) O dobro de $\dfrac{1}{3}$ é igual a $\dfrac{2}{3}$. ☐

b) O quádruplo de $\left(-\dfrac{7}{5}\right)$ é igual a $\dfrac{28}{5}$. ☐

c) A metade de $+0,426$ é igual a $+0,213$. ☐

d) O triplo de $\dfrac{21}{81}$ é igual a $+\dfrac{63}{243}$. ☐

e) O dobro do dobro de $\dfrac{1}{4}$ é igual a 1. ☐

5. Divisão com números racionais

1. Calcule o quociente das divisões.

a) $\left(-\dfrac{3}{5}\right) : \left(-\dfrac{2}{3}\right)$

f) $\left(+\dfrac{10}{12}\right) : \left(-\dfrac{5}{3}\right)$

b) $\left(+\dfrac{6}{7}\right) : \left(-\dfrac{1}{2}\right)$

g) $\left(+\dfrac{6}{13}\right) : \left(+\dfrac{6}{13}\right)$

c) $\left(-\dfrac{8}{3}\right) : \left(+\dfrac{11}{9}\right)$

h) $\left(-\dfrac{9}{4}\right) : \left(-\dfrac{1}{5}\right)$

d) $(-40{,}8) : (-10{,}2)$

i) $(-2{,}4) : \left(+\dfrac{3}{5}\right)$

e) $\left(+\dfrac{24}{15}\right) : \left(+\dfrac{3}{7}\right)$

j) $\left(-\dfrac{13}{4}\right) : \left(-\dfrac{7}{12}\right)$

2. Efetue.

$$\left[\left(-\dfrac{1}{2}\right) : \left(+\dfrac{1}{2}\right)\right] : \left[\left(-\dfrac{1}{2}\right) : \left(+\dfrac{1}{2}\right)\right]$$

3. Calcule a metade do triplo de quatro nonos.

4. Calcule o inverso da metade de um quarto.

5. Quatro amigos foram jogar boliche. Eles permaneceram na quadra por 3,5 horas. O aluguel da pista de boliche foi de R$ 124,25 e os amigos dividiram as despesas igualmente entre eles.

a) Qual foi o custo por hora?

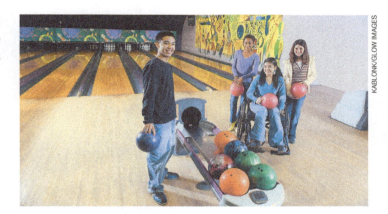

b) Quanto cada um gastou?

6. Para fazer uma macarronada, Marcelo foi ao mercado e comprou 2,5 kg de tomate; 0,1 kg de manjericão; 0,2 kg de manteiga; 0,4 kg de carne moída; e 0,3 kg de cebola. Os preços por quilograma de cada mercadoria são os seguintes: tomate: R$ 2,10; manjericão: R$ 4,30; manteiga: R$ 10,70; carne moída: R$ 12,00; e cebola: R$ 6,40.

a) Quanto Marcelo gastou no mercado?

b) Marcelo pagou com uma cédula de R$ 20,00. Qual foi o troco?

7. Coloque os números em ordem crescente.

| A metade de 0,238 | O dobro de $\frac{3}{28}$ | A terça parte de 1 | A quarta parte de $\frac{2}{5}$ |

6. Potenciação de números racionais

1. Analise as potências a^3 e a^{-3} e descreva o procedimento para desenvolver cada uma delas.

_____

_____

_____

2. Considere qualquer potência a^n, em que $a \in \mathbb{Q}^*$ e $n \in \mathbb{Z}$. Leia cada frase e complete-a de forma correta.

a) Sempre que o expoente da potência for par, o resultado

_____.

b) Sempre que o expoente da potência for ímpar, o resultado

_____.

c) Para multiplicar potências de mesma base, conservamos a base e

_____.

d) Para dividir potências de mesma base, conservamos a base e

_____.

e) Para elevar uma potência a um expoente, conservamos a base e

_____.

f) Para elevar um produto ou um quociente a um expoente, elevamos cada fator (ou o dividendo e o divisor) a _____.

3. Calcule o valor das potências.

a) $(2)^3$

d) $(0,5)^3$

b) $\left(-\dfrac{5}{7}\right)^2$

e) $\left(-\dfrac{2}{9}\right)^3$

c) $\left(+\dfrac{9}{8}\right)^0$

f) $\left(\dfrac{47}{173}\right)^1$

4. Calcule o valor das potências.

a) $(-3)^{-3}$

c) $(+2)^{-5}$

b) $\left(+\dfrac{3}{5}\right)^{-2}$

d) $\left(-\dfrac{1}{4}\right)^{-4}$

5. Calcule.

$$\left(-\dfrac{1}{2}\right)^{-2} + \left(-\dfrac{1}{2}\right)^{2}$$

6. Descubra o expoente x em cada caso.

a) $\left(\dfrac{3}{2}\right)^x = \dfrac{27}{8}$

c) $\left(-\dfrac{14}{21}\right)^x = \dfrac{196}{441}$

b) $\left(-\dfrac{4}{5}\right)^x = \dfrac{256}{625}$

d) $(-0,7)^x = -0,343$

7. José começou a calcular o valor de uma expressão numérica. Observe o que ele escreveu e descubra os valores de x, y e z. Depois, termine o cálculo.

$$\left(-\frac{2}{3}\right)^x + (-5)^y + (+3)^z =$$

$$= \left(+\frac{4}{9}\right) + \left(-\frac{1}{5}\right) + \left(+\frac{1}{9}\right) =$$

8. Classifique as afirmações em **V** (verdadeira) ou **F** (falsa).

a) $(3)^2 \cdot (3)^2 = (3)^4$ ☐

b) $(-5)^{-4} : (-5)^3 = (-5)^{-7}$ ☐

c) $\left(\frac{8}{3}\right)^{-2} \cdot \left(\frac{8}{3}\right)^{-4} = \left(\frac{8}{3}\right)^2$ ☐

d) $(-0,5)^6 : (-0,5)^{-2} = (-0,5)^4$ ☐

e) $[(14)^2]^5 = (14)^{10}$ ☐

f) $\left[\left(\frac{8}{5}\right)^6\right]^3 = \left(\frac{8}{5}\right)^3$ ☐

9. Calcule.

$$\left[\left(-\frac{7}{9}\right)^6\right]^{-6} : \left[\left(-\frac{9}{7}\right)^6\right]^6 - \left[\left(+\frac{7}{9}\right)^{-6}\right]^0$$

10. Determine o valor de x de forma que o resultado da expressão seja igual a 1.

$$\left[\left(-\frac{1}{3}\right)^x\right]^4 \cdot [(-3)^2]^2$$

7. Raiz quadrada

1. Calcule a raiz quadrada.

a) $\sqrt{81}$

g) $\sqrt{\dfrac{1}{100}}$

b) $\sqrt{16}$

h) $\sqrt{\dfrac{121}{225}}$

c) $\sqrt{36}$

i) $\sqrt{10.000}$

d) $\sqrt{64}$

j) $\sqrt{900}$

e) $\sqrt{144}$

k) $\sqrt{0,09}$

f) $\sqrt{625}$

l) $\sqrt{0,36}$

2. Calcule e expresse o resultado na forma decimal.

a) $\sqrt{\dfrac{121}{100}} + \sqrt{1,44}$

b) $-\sqrt{\dfrac{9}{25}} - \sqrt{\dfrac{16}{81}} + \sqrt{\dfrac{4}{9}}$

3. Calcule.

$$\left[\left(\sqrt{\dfrac{25}{9}}\right)^3\right]^{-1}$$

8. Expressões numéricas

1. Calcule o valor das expressões numéricas.

a) $\left(-1,8 - \sqrt{36}\right) \cdot (+3,3 - 1,1)$

d) $\left(+4,7 - \sqrt{0,36}\right) \cdot \left(+\sqrt{4,84} - \sqrt{10,89}\right)$

b) $\left(+\dfrac{1}{4} - \sqrt{9}\right) : \left(\sqrt{\dfrac{4}{49}} - \dfrac{2}{3}\right)$

e) $\left(+\dfrac{10}{25} + \sqrt{0,64}\right) - \left(-\sqrt{4} - \dfrac{7}{5}\right)$

c) $\left(-\dfrac{5}{6} + \sqrt{4}\right) : \left(\sqrt{\dfrac{9}{16}} - \dfrac{1}{5}\right)$

f) $\left(-\sqrt{\dfrac{49}{81}} + \sqrt{144}\right) : \left(\sqrt{\dfrac{9}{25}} - \dfrac{15}{20}\right)$

EDUARDO SOUZA

2. Responda às questões.

a) Qual é a medida do lado de um quadrado de 625 m^2 de área?

b) Qual é a medida do lado de um quadrado de 0,0144 m^2 de área?

c) Qual é a área de um quadrado cujo lado mede $\sqrt{6.400}$ m?

d) Qual é a área de um quadrado cujo lado mede $\sqrt{169}$ dm?

3. Considerando $x = -\dfrac{2}{3}$, $y = -\dfrac{5}{4}$ e $z = \dfrac{4}{3}$, resolva as expressões algébricas abaixo.

a) $\dfrac{(x + y) \cdot z}{y}$

b) $\dfrac{(x - y) \cdot z}{x}$

c) $\dfrac{(x + z) \cdot y}{z}$

d) $\dfrac{x \cdot y}{z}$

4. Descubra o valor de y.

$$y = \left(\dfrac{2}{1 + \dfrac{2}{3 + 1}} \right) \cdot \dfrac{2}{5} : \dfrac{3}{5}$$

5. Calcule o valor numérico das expressões.

a) $\left(\dfrac{3}{2} \right)^2 - \left(\dfrac{\sqrt{4}}{4} \right)^2 + \left(\dfrac{3}{4} \right)^0$

b) $\left(\dfrac{10}{15} \cdot \dfrac{\sqrt{9}}{5} \right) : \left(\dfrac{9}{7} - \dfrac{4}{5} \right) : \left(\dfrac{1}{3} \right)^3$

UNIDADE 5 Grandezas e medidas

1. Unidades de medida

1. Escreva, em cada caso, qual é a unidade de medida mais adequada para:

a) a espessura de um livro;

b) a massa de um muro;

c) o tempo que leva para uma árvore se desenvolver;

d) a distância entre duas capitais;

e) a quantidade de bebida consumida em uma festa de casamento.

2. Entre as frases abaixo, apenas uma faz sentido. Indique qual é e justifique sua resposta.

Meu lápis tem 13 metros de comprimento.	Meu pé tem 38 centímetros de comprimento.	Minha mochila está com uma massa de 1 tonelada.

2. Unidades de medida de comprimento

1. Expresse as medidas nas unidades indicadas.

a) 35 m em cm

b) 0,23 m em mm

c) 1.234 dm em dam

d) 1 hm em mm

2. A distância entre a casa de Bruno e Guilherme é de 7 km. A casa de Lúcia fica no caminho entre essas duas casas. Se a distância entre a casa de Bruno e Lúcia é de 5,2 km, qual é a distância, em metros, entre as casas de Lúcia e de Guilherme?

3. Se a espessura de um fio de cabelo é de aproximadamente 50 micrômetros, quantos fios precisaríamos juntar para dar uma espessura de 1 cm?

3. Unidades de medida de tempo

1. Observe no quadro a seguir o tempo que algumas pessoas esperaram para ser atendidas em uma campanha de vacinação.

113 minutos	2 horas
1 hora e meia	63 minutos
46 minutos	88 minutos

a) Entre essas 6 pessoas, quanto tempo demorou aquele que foi atendido mais rápido?

b) Qual a diferença de tempo entre o que foi atendido primeiro e o que foi atendido por último?

c) Escreva todos os tempos em horas e minutos.

2. Responda.

a) Quantos minutos você fica na escola na segunda-feira?

b) Quantas horas tem o final de semana?

c) Quantos segundos uma pessoa passou dormindo se dormiu durante 10 horas?

3. Ao andar de bicicleta por 30 minutos uma pessoa pode gastar 195 quilocalorias (unidade de medida de caloria). Isso significa que:

a) a cada minuto, são gastas quantas quilocalorias?

b) a cada hora são gastas quantas quilocalorias?

4. Unidades de medida de massa

1. Expresse as medidas em diferentes unidades, completando o quadro.

kg	hg	dag	g	dg	cg	mg
1						
	5					
		22				
			1			
				550		
					25.500	
						30

2. Responda às questões.

a) Quantos quilogramas há em 895 dag?

c) Quantos miligramas há em 325 g?

b) Quartas arrobas há em 330 kg?

d) Quantos hectogramas há em 1 t?

3. Resolva os problemas.

a) Comprei 40 arrobas de alcatra e pedi ao açougueiro que dividisse em pacotes de 30 kg. Quantos pacotes levei para casa?

b) Leandro comprou tomates na feira para sua mãe. Sabendo que ele pagou R$ 34,00 por 800 decagramas de tomate, qual é o valor cobrado pelo quilograma de tomate?

5. Unidades de medida de volume

1. Expresse as medidas em diferentes unidades, completando o quadro.

km³	hm³	dam³	m³	dm³	cm³	mm³
0,00000001						
	0,0000025					
		1,8				
			1			

2. Resolva os problemas.

a) A vazão das Cataratas do Iguaçu atingiu 1.700 m³ de água por segundo em determinada hora do dia. Escreva essa vazão em litro por segundo.

Cataratas do Iguaçu, em Foz do Iguaçu (PR), 2014.

b) André vai construir uma piscina com forma de um bloco retangular no quintal de sua casa. Essa piscina terá 10 m de comprimento, 10 m de largura e profundidade de 1,8 dam. Quantos litros de água serão necessários para encher essa piscina?

c) Um volume de 10 m^3 de suco de uva será armazenado em garrafas de $\frac{1}{2}$ litro. Quantos recipientes serão utilizados?

EDUARDO SOUZA

d) A caixa-d'água da casa de Sílvia tem capacidade para 25.000 ℓ. Sabendo que o consumo diário é 15% desse total, quanto restará de água, em dam^3, na caixa-d'água, após 5 dias de consumo sem reposição?

e) Para acabar com a falta de água em um grande bairro industrial, o prefeito vai construir um reservatório. Ele sabe que nesse bairro há 1.500 indústrias e que cada uma consome diariamente 5.000 litros de água. Para que haja água disponível em todas as indústrias durante 30 dias sem reabastecimento, que capacidade deve ter esse reservatório? Expresse sua resposta em m^3.

f) Devido à estiagem, um fazendeiro comprou $\frac{5}{7}$ da capacidade total de um caminhão-pipa cujo tanque armazena 35 m^3 de água, para irrigar sua fazenda. Ele planta cinco tipos diferentes de cultura e vai distribuir a água em partes iguais para cada uma delas.

• Qual foi a quantidade de água, em litro, que ele comprou?

• Qual é a quantidade, em dm^3, que ele vai distribuir a cada uma das cinco culturas?

g) A capacidade do tanque de combustível da moto de Arnaldo é de 0,018 m^3 e o consumo dessa moto é de 20 km por litro de gasolina. Se ele encher o tanque, conseguirá percorrer uma distância de 540 km? Quantos litros de gasolina serão necessários?

EDUARDO SOUZA

3. André pegou um recipiente em forma de paralelepípedo, de 20 cm de comprimento, 9 cm de largura e 15 cm de altura, e colocou água até chegar a uma altura de 10 cm. Depois, foi adicionando bolinhas de gude até essa água chegar à borda, sem derramar o líquido. Qual é o volume de todas as bolinhas de gude que André jogou dentro do recipiente?

EDUARDO SOUZA

4. Com o objetivo de contribuir com a campanha de redução do consumo de água, Diana diminuiu o tempo do seu banho diário, passou a lavar roupas a cada 15 dias, não deixa a torneira aberta ao escovar os dentes e ensaboa toda a louça para depois abrir a torneira para enxaguar. Com isso, o consumo de água mensal de sua residência, que era de 48 m^3, reduziu em 20%. Quantos litros de água Diana conseguiu economizar?

5. A caixa-c'água da casa de Cida está completamente cheia de água. A forma dessa caixa-d'água é a de um cubo de lado igual a 1 metro. Foi detectada uma pequena rachadura na parte inferior da caixa-d'água, provocando perda de água na vazão de 0,5 litro por segundo. Suponha que a única causa do esvaziamento da caixa seja esse vazamento. Em quanto tempo a caixa-d'água estará completamente vazia?

6. Em um sábado, a diretora de uma escola pretende fazer uma festa à fantasia para os alunos que estudam nos períodos da manhã e da tarde. Porém, está em dúvida se enfeita a quadra ou o pátio da escola para colocar os 3.892 alunos fantasiados. Sabe-se que o pátio tem 35 metros de comprimento por 28 metros de largura e a quadra tem 40 metros de comprimento por 24 metros de largura. Faça uma estimativa para saber qual dos locais é mais apropriado para fazer essa festa à fantasia. Lembre-se de que em 1 metro quadrado (1 m^2) cabem aproximadamente quatro pessoas em pé.

6. Unidades de medida de capacidade

1. Expresse as medidas em diferentes unidades, completando o quadro.

kℓ	hℓ	daℓ	ℓ	dℓ	cℓ	mℓ
						10
					250	
				1.800		
			1			
		501				
	11.300					
0,00715						

2. Complete o quadro, escrevendo os símbolos das unidades de medida de capacidade e sua equivalência com o litro.

	Múltiplos			Unidade-padrão	Submúltiplos		
Unidade	quilolitro	hectolitro	decalitro	litro	decilitro	centilitro	mililitro
Símbolo							
Relação com o litro							

3. Resolva os problemas.

a) Toninho demora diariamente 7 minutos no banho que toma de manhã, consumindo 38,5 ℓ de água, e à noite ele demora 10 minutos. Calcule o total semanal de água, em hectolitro, que Toninho utiliza em seus banhos.

b) Ao fazer a leitura do consumo de água na casa de Felipe, a companhia de águas observou que o relógio marcava 58.816 ℓ. Sabendo que na leitura anterior o relógio registrou 57.998 ℓ, calcu e qual foi o consumo de água, em decalitro, no período entre as duas leituras.

c) A foto mostra um avião de combate a incêndios. Seu tanque de armazenamento de água tem capacidade para aproximadamente 2.740 galões. Converta essa medida para quilolitro, sabendo que a capacidade de 1 galão é 3,8 ℓ.

SERGIO LIMA/FOLHAPRESS

4. O médico orientou dona Cleuza a beber, em média, 6 litros de água em 4 dias, para manter uma boa saúde. Se ela seguir as orientações médicas, quantos decilitros, em média, deverá ingerir em um mês?

5. Joana utiliza vidros de detergente de 400 mililitros para lavar louças. Sabe-se que seu consumo médio de detergente em 6 meses é de 8 vidros. Considerando esse consumo médio, quantos litros de detergente Joana gasta por ano?

EDUARDO SOUZA

6. (Saresp) Numa caixa de adubo, a tabela abaixo indica as quantidades adequadas para o seu preparo. De acordo com a tabela, a quantidade de adubo que se deve misturar em 2 litros de água é:

Adubo	Água
30 g	0,2 ℓ
150 g	1 ℓ
1.500 g	10 ℓ
3.000 g	20 ℓ

a) 3.000 g

b) 300 g

c) 150 g

d) 30 g

7. Classifique as afirmações como verdadeira ou falsa.

a) 1 litro corresponde a 100 mililitros.

b) 1 metro cúbico corresponde a 1.000 litros.

c) 1 decalitro corresponde a 0,10 litro.

• Agora, corrija as afirmações falsas.

7. Investigando medidas

1. Quais são os fatores que podem influenciar no resultado de uma medição?

2. Procure exemplos de medições com resultados diferentes.

UNIDADE 6 Cálculo algébrico

1. Expressões algébricas

1. Escreva a expressão algébrica correspondente a cada item.

a) O quíntuplo de um número a. _____

b) O quádruplo de um número b. _____

c) A sexta parte de um número c. _____

d) Um décimo de um número d. _____

e) A quarta parte de um número x subtraída de um número y. _____

f) A diferença entre o dobro de um número z e sua metade. _____

2. Considere a letra n um número desconhecido. Escreva com palavras o que cada sentença matemática abaixo representa.

a) $n + 10$ _____

b) $\dfrac{n}{3}$ _____

c) $3 \cdot n - 7$ _____

d) $n^2 + 2 \cdot n$ _____

3. Em uma papelaria, considere:

x = preço de um caderno
y = preço de um lápis
z = preço de uma régua

Escreva a expressão algébrica que corresponde às situações abaixo.

a) O preço total da compra de duas réguas, três cadernos e um lápis.

b) A metade do preço de um lápis.

c) A diferença entre o preço de dois cadernos e o preço de uma régua.

2. Valor numérico de expressões algébricas

1. Dados $x = 4$, $y = -3$ e $z = 2$, calcule o valor numérico das expressões algébricas.

a) $(-3 \cdot x) \cdot (2 \cdot y - z)$

b) $(x + y) : (-z)$

2. Observe os preços de entrada para um parque de diversão:

Criança (até 12 anos)	Adulto (a partir de 13 anos)
R$ 42,00	R$ 52,00

a) Que expressão indica o valor total a ser pago por x adultos e y crianças?

b) Quanto será o valor total para dois adultos e duas crianças?

c) E o valor total para 3 adultos e 1 criança?

d) E para 3 crianças e 1 adulto?

3. Calculando com letras

1. Simplifique as expressões algébricas.

a) $-4c + 17c - 3c$

d) $-9x + 7x - 3x$

b) $b + 8b - 2b$

e) $(-2x)^2 + (3x)^2 - (x)^2$

c) $2y - 6y + 14y$

f) $(-2y)^3 + (-4y)^3 + (2y)^3$

2. Siga as instruções e escreva uma expressão.
- Pense em um número de 1 a 10.
- Multiplique esse número por 2.
- Adicione 10.
- Divida o resultado por 2.
- Subtraia 5.

3. Escreva na forma mais simples o perímetro de cada figura. Use a propriedade distributiva da multiplicação em relação à adição.

a)

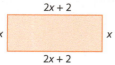

c)

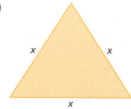

b)

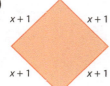

d)

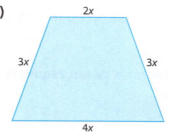

4. Determine a expressão que representa o perímetro do polígono abaixo.

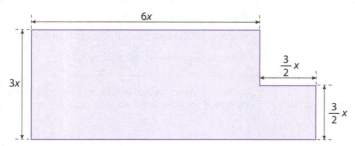

4. Sequências numéricas

1. Determine as sequências, seguindo as regras abaixo.

a) Sequência dos múltiplos de 5, começando por 15.

b) Sequência dos números naturais maiores que 100.

c) Sequência dos números inteiros que estão entre -8 e 8.

2. Observe a sequência de números:

1º termo: -10
2º termo: -8
3º termo: -6
4º termo: -4
Qual será o 10º termo?

ESTRATÉGIA PARA CONHECER

Resolver por meio de um esquema

- **Um problema**

    Um pedreiro usou 18 peças com 4 azulejos cada uma, conforme a figura ao lado, para cobrir $\frac{2}{3}$ de uma parede. Quantos azulejos seriam necessários para cobrir toda a parede?

- **Para resolver um problema por meio de um esquema**

EU DEVO...	PARA...
1 **identificar os dados e a pergunta do enunciado.** Dados: • Há 18 peças formadas por 4 azulejos cada uma. • Essas peças cobriram $\frac{2}{3}$ de uma parede. Pergunta: Quantos azulejos seriam necessários para cobrir toda a parede?	• identificar de que modo os dados podem ser representados em um esquema. Uma possibilidade seria representar a parede inteira por um retângulo dividido em três partes iguais, e a quantidade de azulejos usados para cobrir $\frac{2}{3}$ dessa parede por duas partes pintadas do total de três.
2 **desenhar um retângulo dividido em três partes iguais.** Dessas três partes, duas serão pintadas para indicar o total de azulejos usados para cobrir $\frac{2}{3}$ da parede. 9 peças 9 peças	• facilitar a visualização da relação que existe entre os dados apresentados no problema.
3 **determinar os valores correspondentes a cada fração da parede inteira.** Quantidade de azulejos em cada parte da parede: 9 · 4 azulejos = 36 azulejos 36 36 36	• representar todos os dados no desenho e responder à pergunta do problema.
4 **fazer os cálculos.** O total de azulejos é: 3 · 36 azulejos = 108 azulejos	• obter a resposta.
5 **conferir a resposta.** Se foram usados 72 azulejos para cobrir $\frac{2}{3}$ da parede, para cobrir o terço restante seria necessária a metade dessa quantidade, ou seja, 36 azulejos. O total de azulejos seria então: 72 azulejos + 36 azulejos = 108 azulejos	• verificar se não houve nenhum erro na resolução.

PROBLEMAS PARA RESOLVER

1 **AS TORNEIRAS**

Uma torneira enche um tanque em 2 horas. Outra torneira enche esse mesmo tanque em 4 horas. Que fração do tanque as duas torneiras juntas enchem em 1 hora?

2 **O TANQUE DE COMBUSTÍVEL**

Um motorista encheu o tanque de seu carro, que estava sem combustível, e gastou R$ 120,00. Após alguns dias, ao ver que havia apenas um quarto do tanque com combustível, parou em um posto e encheu novamente o tanque de seu carro, verificando no indicador da bomba que foram colocados 36 litros de combustível.

a) Quantos litros de combustível cabem no tanque desse carro?

b) Quantos reais ele pagou ao completar o tanque?

3 OS QUEIJOS

Se eu tivesse um queijo e meio a mais, teria uma vez e meia o que tenho. Quantos queijos eu tenho?

4 OS TIJOLOS

Se um tijolo pesa 1 quilograma e meio tijolo, quanto pesa um tijolo e meio?

5 A HERANÇA

Ao morrer, um fazendeiro deixou 39 cavalos como herança para seus 3 filhos. Para dividi-los, determinou em seu testamento que o primeiro filho deveria ficar com a metade dos cavalos, o segundo filho deveria ficar com a quarta parte dos cavalos, e o terceiro, com a quinta parte. Como a metade de 39 é 19,5, um quarto de 39 é 9,75 e a quinta parte de 39 é 7,8, não foi possível fazer a divisão, uma vez que não se podem cortar cavalos ao meio. Qual seria uma boa solução para que a pessoa responsável pela divisão (que tinha um cavalo) e todos os filhos saíam lucrando?

PARTE 3

RECORDE

Equação

É uma sentença matemática com sinal de igualdade (=) que apresenta pelo menos uma letra representando um número desconhecido.

Cada letra de uma equação é denominada **incógnita** da equação.

O número que, substituindo a incógnita, torna a sentença verdadeira é a **raiz** ou a **solução** da equação.

Equações equivalentes

São equações que têm a mesma solução, considerado um mesmo conjunto universo.

Equação do 1º grau com uma incógnita

É uma sentença matemática que pode ser escrita como uma equação equivalente à forma $ax + b = 0$, em que a e b são números racionais conhecidos e a é diferente de zero.

Para resolver uma equação do 1º grau com uma incógnita, aplicamos dois princípios:

- o **princípio aditivo das igualdades** (adicionando um mesmo número aos dois membros de uma equação, a igualdade se mantém);
- o **princípio multiplicativo das igualdades** (multiplicando um mesmo número pelos dois membros de uma equação, a igualdade se mantém).

Inequação do 1º grau com uma incógnita

Para resolver uma inequação do 1º grau, aplicamos dois princípios:

- **Princípio aditivo das desigualdades**

  Adicionando um mesmo número aos dois membros de uma desigualdade, obtemos outra desigualdade de mesmo sentido.

- **Princípio multiplicativo das desigualdades**

  Multiplicando os dois membros de uma desigualdade por um número positivo, obtemos outra desigualdade de mesmo sentido; se multiplicarmos os membros por um número negativo, obtemos uma desigualdade de sentido contrário.

Polígonos

São polígonos.   Não são polígonos.

Elementos de um polígono

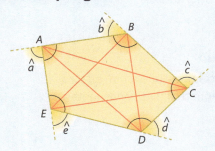

- **Vértices:** A, B, C, D e E
- **Lados:** $\overline{AB}$, $\overline{BC}$, $\overline{CD}$, $\overline{DE}$ e $\overline{EA}$
- **Diagonais:** $\overline{AC}$, $\overline{AD}$, $\overline{BE}$, $\overline{BD}$ e $\overline{CE}$
- **Ângulos internos:** $E\hat{A}B$, $A\hat{B}C$, $B\hat{C}D$, $C\hat{D}E$ e $D\hat{E}A$
- **Ângulos externos:** $\hat{a}$, $\hat{b}$, $\hat{c}$, $\hat{d}$ e $\hat{e}$

ILUSTRAÇÕES: LUIZ RUBIO

Circunferência e círculo

Circunferência é a figura plana formada por todos os pontos de um plano que distam igualmente de um ponto fixo desse plano. O ponto fixo é o centro da circunferência, e a distância, a medida do raio.

Círculo é a região do plano formada por uma circunferência e sua região interna.

circunferência   região interna   círculo

Triângulos

São polígonos com três lados.

A soma das medidas dos ângulos internos de um triângulo qualquer é 180°.

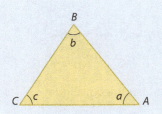

$a + b + c = 180°$

Classificação dos triângulos quanto às medidas dos lados

Um **triângulo equilátero** tem os três lados congruentes.

Um **triângulo isósceles** tem dois lados congruentes.

Um **triângulo escaleno** tem os três lados com medidas diferentes.

Classificação quanto às medidas dos ângulos

Um **triângulo acutângulo** tem todos os ângulos internos agudos.

Um **triângulo obtusângulo** tem um ângulo interno obtuso.

Um **triângulo retângulo** tem um ângulo interno reto.

Quadriláteros

São polígonos com quatro lados.

A soma das medidas dos ângulos internos de um quadrilátero convexo qualquer é 360°.

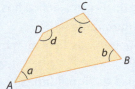

$a + b + c + d = 360°$

Trapézios

São quadriláteros que têm somente um par de lados opostos paralelos.

- **Trapézio isósceles**
- **Trapézio escaleno**

Paralelogramos

São quadriláteros convexos que têm dois pares de lados opostos paralelos.

Losango

É um paralelogramo com quatro lados congruentes.

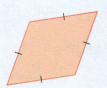

Retângulo

É um paralelogramo com quatro ângulos congruentes.

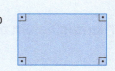

Quadrado

É um paralelogramo com quatro ângulos e quatro lados congruentes.

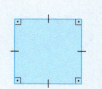

ILUSTRAÇÕES: LUIZ RUBIO

UNIDADE 7 EQUAÇÕES E INEQUAÇÕES DO 1º GRAU

1. Igualdade

1. Observe a seguinte balança de dois pratos. Qual é a massa do objeto que é desconhecida, sabendo que a balança está equilibrada?

MONITO MAN

2. Para que uma igualdade continue válida, há algumas operações que podemos fazer. Entre os exemplos abaixo encontre o erro.

a) $5 + 12 = 17$

$5 + 12 - 17 = 17 + 17$

$0 = 34$

b) $12 + 15 = 24$

$12 : 3 + 15 = 24 : 3$

$4 + 15 = 8$

$19 = 8$

2. Equação

1. Identifique as equações e marque-as com um X.

a) $x - 5 = 5$

b) $x^2 + 2 = 6$

c) $5^2 - 5 = 20$

d) $x + 2x - 3x - 5x = 10$

e) $-3z > 11$

f) $y^3 - 3 + 4y^3 - 5 = 20$

g) $a^2 + b^2 = 5b^2$

h) $75y - 41y < 34$

i) $x^2 + x + 1 = 2$

2. Escreva a equação que expressa cada situação a seguir.

a) O dobro de um número natural x é 6. _____

b) O triplo de um número natural y é 18. _____

c) O quadrado de um número inteiro z é 9. _____

d) A quinta parte de um número natural a é igual ao quadrado de 5. _____

e) O cubo de um número natural k somado com 10 é igual a -8. _____

f) A terça parte do quadrado de um número racional m é igual ao cubo de 3. _____

3. Descubra o número em que cada criança pensou.

a)

Pensei em um número, multipliquei-o por 5, tirei 10 e obtive 30. Em que número pensei?

b)

Pensei em um número, multipliquei-o por 6, adicionei 15 e obtive 33. Em que número pensei?

4. Faça o que se pede.

a) Verifique se 3 é raiz da equação $x - 2x - 7x + 11x = 9$

b) Verifique se -1 é raiz da equação $-4y + 6y + 2y - 10 = 6$

5. Determine o conjunto solução da equação $x^2 = 25$ sendo $U = \mathbb{N}$.

3. Equações equivalentes

1. Associe cada equação da primeira coluna à sua equação equivalente na segunda coluna.

a) $2x = 4$	**I)** $x = 6$
b) $x + 5 = 8$	**II)** $5x = 50$
c) $3x = 18$	**III)** $x = 2$
d) $\dfrac{1}{4} + x = 1$	**IV)** $x = 3$
e) $5x + 10 = 60$	**V)** $x = 1 - \dfrac{1}{4}$

2. Escreva uma equação equivalente a cada equação abaixo.

a) $4x + 6 = 24$　　　　　　　　　**d)** $a - 6 = 4$

b) $3y - 5 = -23$　　　　　　　　**e)** $2b + 14 = 5$

c) $\dfrac{5}{7}z = 15$　　　　　　　　　**f)** $\dfrac{6}{5}c - 1 = -\dfrac{2}{5}$

4. Equação do 1º grau com uma incógnita

1. Resolva as equações.

a) $x - 8 = 14$

b) $3x - 6 = 3$

c) $5 - x = 10$

d) $12x - 22 = 122$

e) $-2x = 6x + 16$

f) $35x = -18x$

g) $13x + 208 = 13$

h) $45x = 90$

i) $35 - 7x = 35$

j) $8x + 40 = -8$

k) $-x = 20 + x$

l) $11x + 13 = -9$

2. Resolva as equações, considerando o conjunto universo indicado.

a) $x + 8 = 0$, sendo $U = \mathbb{Z}$

e) $35 - y = 4y$, sendo $U = \mathbb{Z}$

b) $x - 8 = 20$, sendo $U = \mathbb{N}$

f) $27 - 3y = -3$, sendo $U = \mathbb{Q}$

c) $3x + 18 = x$, sendo $U = \mathbb{Z}$

g) $200 - 3y = -100$, sendo $U = \mathbb{N}$

d) $10x + 8 = -12$, sendo $U = \mathbb{N}$

h) $11 - 6y = -55 - 12y$, sendo $U = \mathbb{Z}$

3. Monte uma equação para cada item e descubra o valor de x.

a) O dobro de x mais vinte é igual a menos dez.

b) O triplo de x menos sete é igual a catorze.

4. Classifique cada afirmação em V (verdadeira) ou F (falsa).

a) A equação $2 \cdot (x - 4) = 8$, com $U = \mathbb{Z}$, tem solução 8. ☐

b) A equação $64 - 3 \cdot (x + 5) = 6x$, com $U = \mathbb{Q}$, tem solução 16. ☐

c) A equação $3 \cdot (x - 2) = \frac{1}{2}x + 4$, com $U = \mathbb{Q}$, tem solução 4. ☐

d) A equação $75 \cdot (x - 1) = 150$, com $U = \mathbb{N}$, tem solução -1. ☐

e) A equação $3 \cdot \left(\frac{x - 2}{3}\right) = \frac{1}{6}x - 8$, com $U = \mathbb{Q}$, tem solução $-\frac{12}{5}$. ☐

5. Escreva a equação que expresse cada uma das situações e resolva-a para descobrir o que se pede.

a) Um número natural adicionado à sua quinta parte é igual a 24. Que número é esse?

b) O dobro de um número racional adicionado a 3 é igual a 6. Que número é esse?

c) O sêxtuplo de um número natural adicionado ao dobro desse mesmo número foi subtraído de 190, obtendo-se -10. Que número é esse?

6. Dois ângulos opostos pelo vértice medem $6x - 10°$ e $3x + 35°$. Determine a medida de cada um desses ângulos.

7. Resolva as equações abaixo.

a) $\frac{2}{3}x + \frac{1}{5}x = 26$

d) $\frac{4 \cdot (x + 5)}{2} - \frac{3 \cdot (x + 2)}{4} = -1$

b) $\frac{7}{5}x + \frac{3}{7}x = 256$

e) $\frac{14}{3}x - \frac{7}{3}x + \frac{1}{6}x = (x - 2)$

c) $\frac{3 \cdot (x - 2)}{2} + \frac{x + 3}{4} = 2$

f) $\frac{8}{9}(x - 3) + \frac{1}{9}(x - 3) = 9$

8. Responda às questões.

a) A soma de três números consecutivos é 96. Determine esses números.

b) Qual é o número que adicionado a 5 ou multiplicado por 5 dá o mesmo resultado?

c) A diferença entre o triplo de um número e 173 é igual a 7. Qual é esse número?

5. Equações e resolução de situações-problema

1. Um motociclista percorreu $\frac{3}{8}$ do trajeto total de sua viagem. Se a distância que resta da viagem é 400 km, qual é o percurso total da viagem?

ZÉ CARLOS BARRETTA/FOLHAPRESS

2. Joaquim cultivará rosas em um terreno retangular. O perímetro desse terreno é 24 m, e um de seus lados mede 4 m. Qual é a medida do lado maior do terreno?

3. Descubra três números inteiros consecutivos cuja soma seja 270.

4. A idade de Paulo é o dobro da idade de Fernando, e a idade de José é o triplo da idade de Paulo. Sabendo que a soma das três idades é 54, determine a idade de cada um.

5. Um prêmio em dinheiro será repartido entre os dois primeiros colocados de uma prova de ciclismo. O vencedor da prova receberá $\frac{4}{7}$ do total em dinheiro, e o segundo colocado receberá R$ 1.500,00. Qual é o valor total do prêmio a ser repartido entre eles?

EDUARDO SOUZA

6. Uma corda de 48 m de comprimento precisa ser dividida em duas partes. Uma das partes terá o quíntuplo do comprimento da outra. Qual será o comprimento de cada parte?

CHARLES BRUTLAG/ SHUTTERSTOCK

7. A soma de dois números é 305. O maior tem 25 unidades a mais que o menor. Que números são esses?

8. A diferença entre dois números é 32. O maior é o triplo do menor subtraído de 10 unidades. Que números são esses?

9. O pai de Arthur tinha 38 anos quando ele nasceu. Hoje, a soma das duas idades é 44 anos. Qual é a idade atual de Arthur?

10. Em uma partida de vôlei, o ginásio estava com $\frac{5}{9}$ de sua capacidade total. Com mais 2.000 pessoas, o ginásio estaria com sua capacidade total de público. Qual é a capacidade total do ginásio?

ALESSANDRO VIANA/TYBA

11. Determine a largura de um retângulo de perímetro 312 cm, sabendo que ela tem 10 cm a mais que o comprimento.

12. Veja as medidas do trapézio abaixo e calcule a medida de sua base maior, sabendo que seu perímetro é 40 cm.

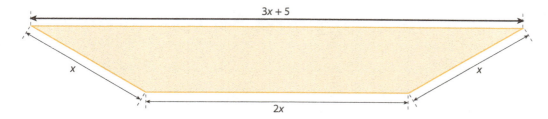

LUIZ RUBIO

13. Em uma partida de basquete, o time A venceu o time B por uma diferença de 12 pontos. O total de pontos do time A é $\dfrac{9}{7}$ do total de pontos do time B. Qual foi o placar da partida?

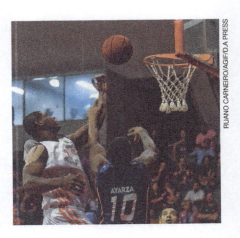

RUANO CARNEIRO/AGIF/D.A PRESS

14. (Enem/2010) Um atleta da modalidade Salto Triplo, depois de estudar seus movimentos, percebeu que, do segundo para o primeiro salto, o alcance diminuía em 1,2 m e, do terceiro para o segundo salto, o alcance diminuía 1,5 m. Querendo atingir a meta de 17,4 m nessa prova e considerando os seus estudos, a distância alcançada no primeiro salto teria de estar entre

a) 4,0 m e 5,0 m.

b) 5,0 m e 6,0 m.

c) 6,0 m e 7,0 m.

d) 7,0 m e 8,0 m.

e) 8,0 m e 9,0 m.

15. (Fuvest-SP) Os estudantes de uma classe organizaram sua festa de final de ano, devendo cada um contribuir com R$ 135,00 para as despesas. Como 7 alunos deixaram a escola antes da arrecadação e as despesas permaneceram as mesmas, cada um dos estudantes restantes teria de pagar R$ 27,00 a mais. No entanto, o diretor, para ajudar, colaborou com R$ 630,00. Quanto pagou cada aluno participante da festa?

6. Desigualdade

1. Marque com um X as sentenças que representam uma desigualdade.

a) $3 + 2 > 4$

b) $z - 2 > 9$

c) $\dfrac{9}{25} = \left(\dfrac{3}{5}\right)^2$

d) $2^2 + 3^0 = 5$

e) $x < 3$

f) $a^2 + b > 12$

2. Classifique em verdadeira (V) ou falsa (F).

a) Se $2 + 7 < 12$, então $2 + 7 + (-7) > 12 + (-7)$. ☐

b) Se $5 + 3 > 4$, então $5 + 3 + (-3) > 4 + (-3)$. ☐

c) Se $-y \geqslant 3$, então $(-1) \cdot (-y) \leqslant (3) \cdot (-1)$. ☐

d) Se $-z \leqslant 6$, então $(-1) \cdot (-z) \geqslant (6) \cdot (-1)$. ☐

e) Se $3 - y \geqslant 9$, então $(-y) \cdot (-1) \geqslant (6) \cdot (-1)$. ☐

f) Se $10 > 5$, então $2 \cdot 10 > 2 \cdot 5$. ☐

g) Se $7 < 11$, então $7 \cdot 3 > 11 \cdot 3$. ☐

3. Escreva as sentenças matemáticas relacionadas às frases a seguir.

a) Um número x adicionado a 5 é menor que 20.

_____

b) O dobro da quantidade x de barras de chocolate é maior que 20.

_____

4. No quadro abaixo, compare o 1° membro com o 2° membro da desigualdade e complete a coluna de sinais usando $>$ ou $<$.

1° membro	$>$ ou $<$	2° membro
$15 - 5$		$4 + 3$
$29 - 13$		$37 - 8$
$2^2 + 3^2$		3^3
4^3		$9^0 + 2^2$
$(4 + 3)^2$		$4^2 + 3^2$
$3^3 + 2^2$		9^2
1^{11}		$1^3 + 1^2$
$45 \cdot 5$		12^2
$3^3 + 3$		3^4

5. Responda às questões.

a) Considere a desigualdade $-4x > -16$. Se multiplicarmos os dois membros pelo número (-1), qual será a nova desigualdade?

b) Considere a desigualdade $2y > -24$. Se multiplicarmos os dois membros pelo número (-1), qual será a nova desigualdade?

6. Considere a desigualdade $5p + 7 < 22$. Se multiplicarmos os dois membros pelo número 0, o que obteremos?

7. Com base no princípio aditivo das desigualdades, adicione 1 aos dois membros de cada desigualdade e escreva a nova desigualdade.

a) $3x - 1 < 0$ **b)** $16 > -2y$

8. Com base no princípio multiplicativo das desigualdades, multiplique os dois membros de cada desigualdade por -1 e escreva a nova desigualdade.

a) $-x + 3 > 8$ **b)** $7 - y \geqslant -1$

9. Escreva uma desigualdade que represente a terça parte do quíntuplo de um número x que não é menor que 5.

10. Escreva uma desigualdade que represente a diferença entre um número x e a sua quinta parte que não é maior que -1.

7. Inequação do 1º grau com uma incógnita

1. Identifique as inequações do 1º grau com uma incógnita.

a) $3 - x \leqslant 4 - 4x$

b) $z + y > 0$

c) $y \geqslant \left(\dfrac{2}{3}\right)^2 - 4y$

d) $x^2 + 3 \geqslant 5 - y$

e) $y \cdot 2 < -20$

f) $a^2 - b > 12$

2. Resolva as inequações considerando o conjunto universo $U = \mathbb{Q}$.

a) $x + 8 > 12$

e) $4 \cdot (x - 2) \leqslant 0$

b) $x + 7 \leqslant 5$

f) $3x + 1 \geqslant 2 \cdot (x - 3)$

c) $4x - 15 < 1$

g) $\dfrac{1}{5}x + 3x \geqslant 4$

d) $3x - 10 \geqslant x - 3$

h) $\dfrac{1}{2}x + \dfrac{1}{5}x \leqslant 5 \cdot \left(1 - \dfrac{1}{4}x\right)$

3. Resolva as inequações, sendo $U = \mathbb{Q}$.

a) $8x + 4 \geqslant 4x + 24$

f) $3 \cdot (x + 2) \leqslant 2 \cdot (x + 1)$

b) $2 - 4x \geqslant x - 10$

g) $4 \cdot (2x + 3) \leqslant 6 \cdot (x + 4)$

c) $3 \cdot (x + 2) < 3 \cdot (1 - x)$

h) $8 \cdot (x + 3) > 12 \cdot (1 + x)$

d) $\dfrac{x}{3} - \dfrac{(x + 1)}{2} < \dfrac{(1 - x)}{2}$

i) $7 \cdot (3 - x) \leqslant 5 \cdot (4 - 2x)$

e) $\dfrac{1}{2} \cdot (x + 2) > \dfrac{1}{3} \cdot (x - 3)$

j) $\dfrac{x}{5} + \dfrac{(x + 3)}{10} < \dfrac{(4 - x)}{15}$

4. Represente na reta numérica os valores correspondentes.

a) $x \geqslant -3$, sendo $U = \mathbb{Z}$

b) $y < 4$, sendo $U = \mathbb{Q}$

5. Escreva uma desigualdade correspondente a cada representação na reta numérica e o seu conjunto Universo.

a)

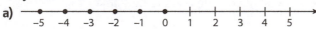

b)

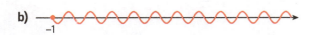

6. Resolva a inequação $-\dfrac{1}{2}x \leqslant -\left(\dfrac{1}{3}x + \dfrac{1}{3}\right)$, considerando $U = \mathbb{Q}$.

7. Resolva a inequação $\dfrac{1}{2}x + \dfrac{2}{3}x - \dfrac{7}{3} \leqslant 0$, considerando $U = \mathbb{Z}$.

8. Resolva a inequação $-\frac{1}{2}x + (9 - 12) < -1$, considerando $U = \mathbb{N}$.

9. Assinale a reta numérica que representa a solução da inequação do exercício anterior.

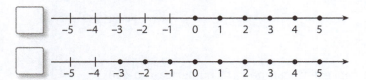

10. Roberta tem 20 anos e Paula, sua amiga, é mais velha que ela. Considere que a idade de Paula seja x e escreva uma inequação que expresse esse fato.

11. Um carro popular custa o dobro do que custa uma moto-cicleta. Considerando x o preço da moto e $2x$ o preço do carro, escreva uma inequação que represente cada uma das situações abaixo.

a) O carro e a moto juntos custam mais que 15.000 reais.

b) Se a moto fosse 8.000 reais mais cara, seu preço seria maior que o preço do carro.

12. Considerando um terreno quadrado cujo lado mede x m e um terreno na forma de um triângulo isósceles em que dois lados medem 5 m e um lado mede 7 m, faça o que se pede.

a) Represente o perímetro dos dois terrenos usando as informações dadas.

b) Escreva uma inequação considerando o perímetro do terreno quadrado maior que o perímetro do terreno triangular.

c) Escreva uma inequação considerando o perímetro do terreno triangular maior que o perímetro do terreno quadrado.

13. (PUC-SP) Fábio quer arrumar um emprego de modo que, do total do salário que receber, possa gastar $\frac{1}{4}$ com alimentação, $\frac{2}{5}$ com aluguel e R$ 300,00 em roupas e lazer. Se, descontadas todas essas despesas, ele ainda pretende que lhe sobrem no mínimo R$ 85,00, então, para que suas pretensões sejam atendidas, qual deve ser seu salário, no mínimo?

14. (Unesp) Carlos trabalha como *disc jockey* (DJ) e cobra uma taxa fixa de R$ 100,00, mais R$ 20,00 por hora, para animar uma festa. Daniel, na mesma função, cobra uma taxa fixa de R$ 55,00, mais R$ 35,00 por hora. Qual é o tempo máximo de duração de uma festa, para que a contratação de Daniel não fique mais cara que a de Carlos?

Equipamento de um *DJ*.

15. (Unicamp-SP) Três planos de telefonia celular são apresentados na tabela abaixo:

PLANO	CUSTO FIXO MENSAL	CUSTO ADICIONAL POR MINUTO
A	R$ 35,00	R$ 0,50
B	R$ 20,00	R$ 0,80
C	0	R$ 1,20

a) Qual é o plano mais vantajoso para alguém que utilize 25 minutos por mês?

b) A partir de quantos minutos de uso mensal o Plano A é mais vantajoso que os outros dois?

16. Rafael e Pedro têm menos de 30 anos cada um, mas, se somarmos suas idades, o valor obtido é maior do que 30. A idade do mais velho corresponde ao quádruplo da idade do mais novo. Qual é a idade de cada um?

1. Polígonos e seus elementos

1. Escreva o número de lados e o nome de cada polígono.

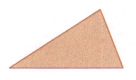

Número de lados: _____

Nome do polígono: _____

Número de lados: _____

Nome do polígono: _____

Número de lados: _____

Nome do polígono: _____

Número de lados: _____

Nome do polígono: _____

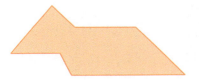

Número de lados: _____

Nome do polígono: _____

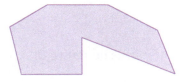

Número de lados: _____

Nome do polígono: _____

Número de lados: _____

Nome do polígono: _____

Número de lados: _____

Nome do polígono: _____

2. Observe os polígonos e complete a tabela indicando os vértices, os lados, os ângulos internos e externos e as diagonais de cada um.

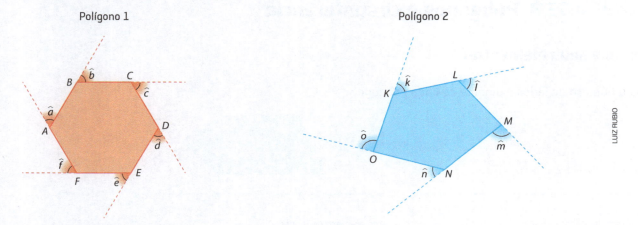

Polígono 1

Polígono 2

	Polígono 1	Polígono 2
Vértices	A, B,	
Lados	$\overline{AB}$,	
Ângulos internos	$A\hat{B}C$,	
Ângulos externos	$\hat{a}$,	
Diagonais	$\overline{AC}$,	

2. Circunferência e círculo

1. Considere a seguinte circunferência de centro O:

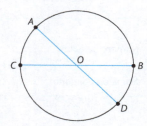

Agora, escreva o que representa cada um dos segmentos.

a) $\overline{OB}$ _____

b) $\overline{OC}$ _____

c) $\overline{CB}$ _____

d) $\overline{AD}$ _____

2. Analise a ilustração e assinale a única afirmação verdadeira.

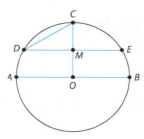

a) $\overline{DC}$ é raio da circunferência de centro O.

b) $\overline{CO}$ é diâmetro da circunferência de centro O.

c) $\overline{OM}$ é raio da circunferência de centro O.

d) $\overline{AB}$ é d âmetro da circunferência de centro O.

3. Com régua e compasso, construa duas circunferências de centro O: uma circunferência com 2,5 cm de raio e outra com 3 cm de diâmetro.

4. Uma mesa redonda tem 1,20 m de diâmetro e sobre ela foi colocada uma toalha de 1,70 m de diâmetro. Calcule a diferença entre o comprimento do tampo da mesa e o comprimento da toalha. Considere $\pi \cong 3,14$.

5. Explique a diferença entre circunferência e círculo. Ilustre para ficar mais completa sua explicação.

UNIDADE 9 Triângulos e quadriláteros

1. Triângulos

1. Observe os triângulos, relacione os vértices, os ângulos internos e os lados de cada um e, depois, responda à questão.

a)

Vértices:

_____

Ângulos internos:

_____

Lados:

_____

b)

Vértices:

_____

Ângulos internos:

_____

Lados:

_____

ILUSTRAÇÕES: LUIZ RUBIO

2. Construção de triângulos com régua e compasso

1. Com o auxílio de uma régua e de um compasso, construa os triângulos pedidos e classifique-os quanto às medidas de seus lados.

a) $AB = 5$ cm, $BC = 5$ cm e $CA = 8$ cm

b) $DE = 4$ cm, $EF = 5$ cm e $FD = 3$ cm

2. Construa os triângulos conforme o pedido de cada item.

   a) Triângulo cujas medidas dos lados são: 1 cm, 2 cm e 4 cm.

   b) Triângulo cujas medidas dos lados são: 3 cm, 4 cm e 5 cm.

   c) Triângulo cujas medidas dos lados são: 7 cm, 4 cm e 5,5 cm.

3. Condição de existência de um triângulo

1. Complete a sentença.

> Em qualquer triângulo, a medida de um dos lados é sempre _____ que a soma das medidas dos outros dois lados.

2. Verifique se é possível construir um triângulo com lados medindo 8 cm, 4 cm e 5 cm.

4. Soma das medidas dos ângulos internos de um triângulo

1. Calcule a medida *x*, em grau, nos triângulos.

a)

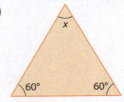

c)

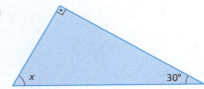

b)

d)

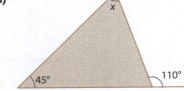

2. Resolva os problemas.

a) Sabendo que dois dos ângulos internos de um triângulo medem 45° e 27°, determine a medida do outro ângulo interno.

b) Dois ângulos internos de um triângulo medem 90° e 30°. Qual é a medida do outro ângulo interno?

c) Um dos ângulos internos de um triângulo retângulo mede 20°. Qual é a medida do outro ângulo agudo interno desse triângulo?

3. (Saresp) O trajeto da vovó pela casa tem a forma do triângulo cujos valores dcs ângulos internos estão indicados na figura. Com estas informações, indique o valor do ângulo *a*.

a) 42°

b) 48°

c) 52°

d) 90°

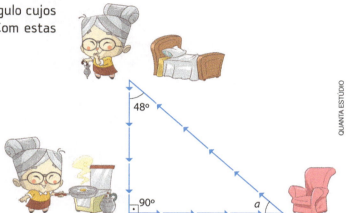

4. Gabriel descobriu que *x*, na figura a seguir, é igual a 60°. Ele está certo? Justifique sua resposta.

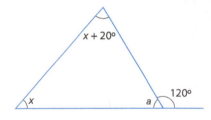

5. (Etec-SP) Uma escada está encostada na parede, conforme ilustra a figura a seguir. A medida do ângulo de inclinação dessa escada, com relação à parede, será igual a:

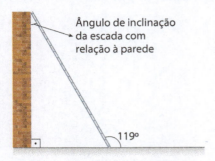

Ângulo de inclinação da escada com relação à parede

119°

a) 61°

b) 54°

c) 45°

d) 33°

e) 29°

6. No esquema a seguir, ajude Zeca a calcular a medida do ângulo em que se encontra a vaca.

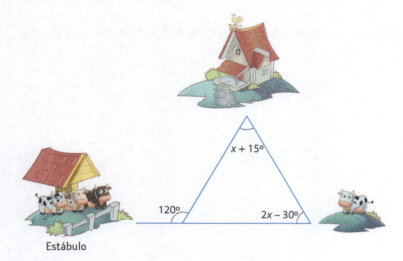

$x + 15°$

120°

$2x - 30°$

Estábulo

7. Três amigos estavam resolvendo uma atividade e, por brincadeira, estabeleceram que, a cada resposta correta, ganhariam três balas e que, a cada resposta errada, perderiam uma bala. Observe a atividade.

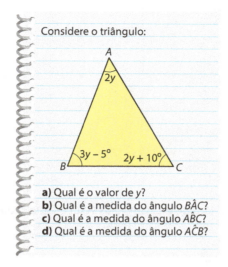

Considere o triângulo:

a) Qual é o valor de *y*?
b) Qual é a medida do ângulo *B$\hat{A}$C*?
c) Qual é a medida do ângulo *A$\hat{B}$C*?
d) Qual é a medida do ângulo *A$\hat{C}$B*?

A seguir estão indicadas as respostas de cada um dos amigos:

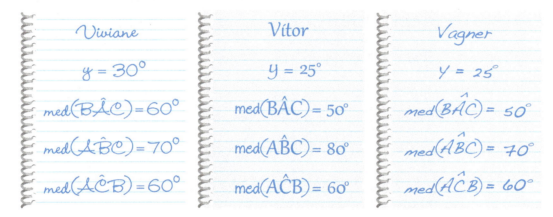

Viviane

$y = 30°$

$\text{med}(B\hat{A}C) = 60°$

$\text{med}(A\hat{B}C) = 70°$

$\text{med}(A\hat{C}B) = 60°$

Vítor

$y = 25°$

$\text{med}(B\hat{A}C) = 50°$

$\text{med}(A\hat{B}C) = 80°$

$\text{med}(A\hat{C}B) = 60°$

Vagner

$y = 25°$

$\text{med}(B\hat{A}C) = 50°$

$\text{med}(A\hat{B}C) = 70°$

$\text{med}(A\hat{C}B) = 60°$

Com quantas balas cada um dos amigos ficou?

8. Observe os triângulos.

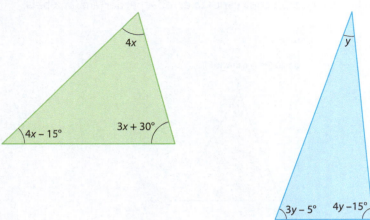

Lucas e Suzana calcularam os valores de x e de y. Observe os valores que cada um deles encontrou.

Lucas	Suzana
$x = 15°$	$x = 20°$
$y = 30°$	$y = 25°$

Eles calcularam corretamente? Justifique sua resposta.

9. Determine a medida dos ângulos y e x.

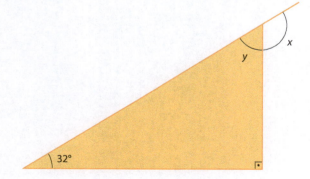

5. Classificação dos triângulos

1. Classifique cada sentença em V (verdadeira) ou F (falsa).

a) Triângulo equilátero é aquele que tem os três lados congruentes. ☐

b) Triângulo isósceles é aquele que possui dois lados congruentes. ☐

c) Triângulo escaleno é aquele que tem dois lados com medidas iguais. ☐

d) Considerando as medidas dos lados de um triângulo, eles podem ser classificados em escaleno, isósceles e equilátero. ☐

e) Um triângulo acutângulo tem todos os ângulos internos agudos. ☐

f) Um triângulo retângulo tem um ângulo interno reto. ☐

g) Um triângulo obtusângulo tem dois ângulos internos obtusos. ☐

h) Considerando as medidas dos ângulos internos de um triângulo, eles podem ser classificados em acutângulo, retângulo e obtusângulo. ☐

2. Em uma atividade, são dadas as medidas dos ângulos internos de um triângulo: $6x + 15°$, $2x$ e $4x - 15°$. Helena classificou esse triângulo quanto aos ângulos e concluiu que se trata de um triângulo obtusângulo.

Helena resolveu a atividade corretamente? Justifique sua resposta.

3. Caroline e Diana fizeram uma aposta: quem resolvesse corretamente a atividade do boxe a seguir ganharia uma caixa de bombons.

> Classifique, quanto aos ângulos, o triângulo cujos ângulos internos medem $3y$, $4y + 10°$ e $30°$.

Após resolver a atividade, Caroline classificou o triângulo em acutângulo e Diana classificou o triângulo em retângulo. Quem ganhou a aposta?

4. Qual é a classificação, quanto aos ângulos, do triângulo cujos ângulos internos medem $2x$, $x + 15°$ e $3x - 15°$? Justifique sua resposta.

5. O perímetro do triângulo cujos lados medem $x + 20$, $2x - 10$ e $4x - 40$ é 180 cm. Considerando a classificação de triângulos quanto às medidas dos lados, classifique esse triângulo, justificando sua resposta.

Lembre-se de que o perímetro é igual à soma das medidas de todos os lados do triângulo.

6. As medidas dos lados de dois triângulos estão indicadas a seguir. Sabe-se que esses dois triângulos têm perímetros iguais.

- Medidas dos lados do triângulo I: $2x$, $x + 30$ e $4x - 60$
- Medidas dos lados do triângulo II: $x + 10$, $x + 25$ e $3x - 5$

Com base nessas informações é correto afirmar que

a) O triângulo I é escaleno e o triângulo II é isósceles.

b) O triângulo I é isósceles e o triângulo II é escaleno.

c) O triângulo I é equilátero e o triângulo II é escaleno.

d) O triângulo I é isósceles e o triângulo II é equilátero.

6. Relação de desigualdade entre lados e ângulos de um triângulo

1. Identifique o maior lado em cada um dos triângulos.

a)

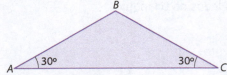

b)

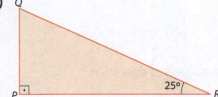

c)

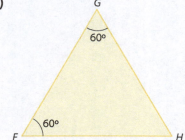

7. Quadriláteros

1. Observe os quadriláteros a seguir, identifique os vértices e os lados de cada um e, depois, responda à questão.

a)

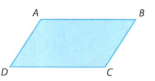

Vértices: _____

Lados: _____

c)

Vértices: _____

Lados: _____

b)

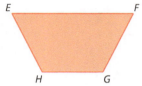

Vértices: _____

Lados: _____

d)

Vértices: _____

Lados: _____

• Quantos vértices têm os quadriláteros acima? E quantos lados?

_____

_____

_____

2. Classifique cada quadrilátero em paralelogramo ou em trapézio e justifique.

a)

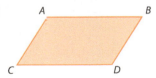

b)

c)

e)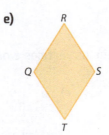

d)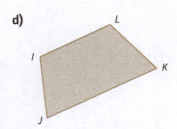

f)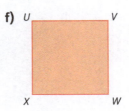

8. Soma das medidas dos ângulos internos de um quadrilátero

1. Complete a afirmação.

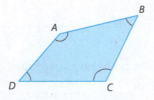

A soma das medidas dos ângulos internos de um quadrilátero é _____.

2. Nas figuras, *x* representa a medida de um ângulo. Calcule-o.

a)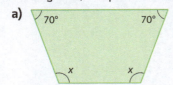

b)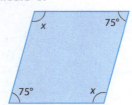

c)

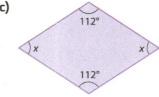

e)

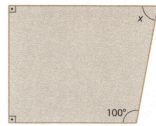

d)

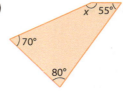

f)

3. Observe o quadrilátero formado pelas retas *r*, *s*, *t* e *u*. Depois, responda às questões.

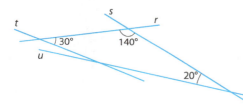

a) Qual é a medida do ângulo formado pelas retas *r* e *s*?

_____

b) Qual é a medida do maior ângulo formado pelas retas *t* e *u*?

4. Calcule o valor de *x*.

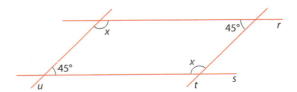

5. (Saresp) O número de diagonais da figura abaixo é:

a) 1

b) 2

c) 3

d) 4

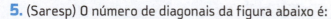

6. Alice recortou alguns quadriláteros em tecido para costurar em uma toalha. Por curiosidade, sua neta mediu os ângulos dos vértices desses quadriláteros, representados pelas letras **A** e **B**, como mostram as figuras.

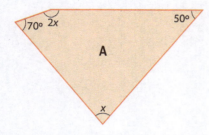 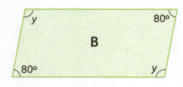

a) Quais são as medidas dos ângulos internos do quadrilátero **A**?

b) Quais são as medidas dos ângulos internos do quadrilátero **B**?

7. Jéssica, Robson e Diego resolveram a seguinte atividade:

Encontre o valor de *x* e de *y*.

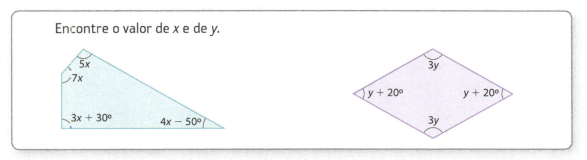

Ao calcular os valores de *x* e de *y*, cada um dos amigos encontrou um valor diferente, como mostram os quadros abaixo.

Jéssica	Robson	Diego
$x = 30°$	$x = 20°$	$x = 40°$
$y = 20°$	$y = 40°$	$y = 30°$

Descubra qual dos amigos resolveu corretamente a atividade.

8. Mariana propôs a seguinte atividade para seu irmão resolver:

Calcule o valor de *x* em cada figura.

a)

b)

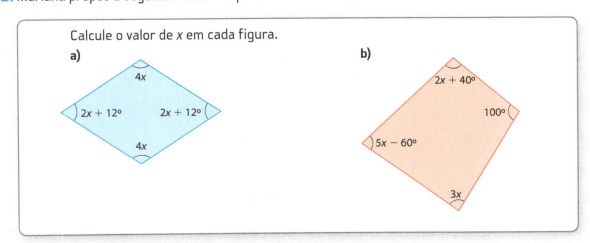

ILUSTRAÇÕES: LUIZ RUBIO

Tendo em vista que o irmão de Mariana acertou a atividade, qual foi o valor de *x* encontrado em cada caso?

9. (Etec-SP) O revestimento do piso de um ambiente com a utilização de tacos de madeira pode ser feito formando desenhos que constituam um elemento decorativo para o local.

Combinando apenas tacos com as formas apresentadas a seguir, pode-se criar o desenho, conforme a figura 1, que será utilizado para cobrir o piso desse ambiente.

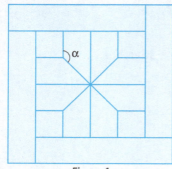

Figura 1

Sabendo que a soma dos ângulos internos de um quadrilátero é igual a 360°, pode-se concluir que a medida do ângulo α, assinalado na figura 1, é

a) 105°.

b) 120°.

c) 135°.

d) 150°.

e) 175°.

9. Trapézios

1. Complete as sentenças.

a) Se um trapézio tem os lados não paralelos congruentes, ele é denominado

_____.

b) Se um trapézio tem os lados não paralelos não congruentes, ele é denominado

_____.

c) Se um trapézio escaleno tem dois ângulos retos, ele também é denominado

_____.

2. No trapézio, determine o valor de *y*.

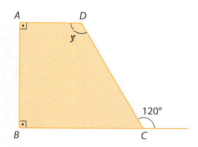

3. Calcule a medida *x* em cada caso.

a) O perímetro do trapézio escaleno *EFGH* é 17 cm.

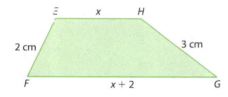

b) O perímetro do trapézio isósceles *IJKL* é 41 cm.

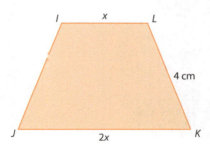

c) O perímetro do trapézio isósceles *MNOP* é o triplo do perímetro do retângulo *QRST*.

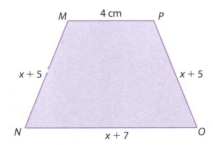 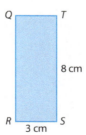

4. O perímetro do trapézio representado ao lado é 220 m. Sabendo que a medida da base menor é $\frac{3}{4}$ da medida da base maior, determine quais são as medidas das bases do trapézio.

5. A professora de Matemática escreveu o seguinte desafio na lousa:

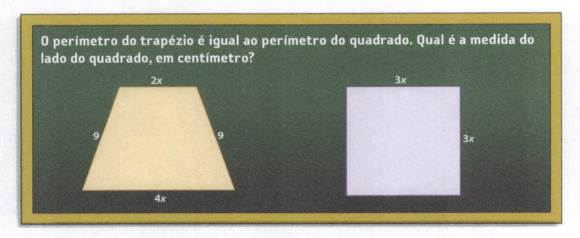

O perímetro do trapézio é igual ao perímetro do quadrado. Qual é a medida do lado do quadrado, em centímetro?

Sabe-se que Helena resolveu o desafio corretamente. Qual foi a medida do lado do quadrado que Helena obteve?

6. Cinco amigos disputam uma competição de Matemática na escola. Eles devem responder a cinco perguntas de uma atividade proposta. Sabendo que, para cada resposta correta, ganham-se 5 pontos e, a cada resposta errada, perde-se 1 ponto, aquele que fizer a maior pontuação ganha o jogo. O cuadro a seguir apresenta uma das atividades.

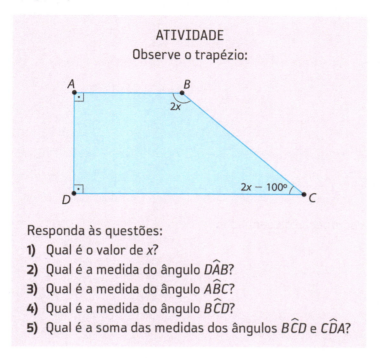

ATIVIDADE
Observe o trapézio:

Responda às questões:

1) Qual é o valor de x?

2) Qual é a medida do ângulo $D\hat{A}B$?

3) Qual é a medida do ângulo $A\hat{B}C$?

4) Qual é a medida do ângulo $B\hat{C}D$?

5) Qual é a soma das medidas dos ângulos $B\hat{C}D$ e $C\hat{D}A$?

Observe as respostas de cada participante.

Aline	Bruno	Camila	Daniel	Eva
1) 50°	1) 60°	1) 70°	1) 70°	1) 70°
2) 90°	2) 90°	2) 90°	2) 90°	2) 90°
3) 50°	3) 20°	3) 140°	3) 140°	3) 60°
4) 100°	4) 120°	4) 40°	4) 140°	4) 140°
5) 190°	5) 130°	5) 130°	5) 130°	5) 260°

a) Encontre as respostas para a atividade proposta aos participantes.

b) Qual foi a pontuação de cada participante?

c) Quem ganhou o jogo? Escreva a pontuação do ganhador.

7. No trapézio, o valor da base menor é igual à terça parte do valor da base maior. Os lados não paralelos medem 6 cm e 18 cm e seu perímetro é igual a 60 cm. Quais são os valores das bases menor e maior desse trapézio?

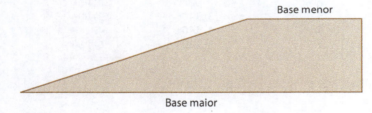

Base menor

Base maior

8. O paralelogramo e o trapézio têm perímetros iguais, em centímetro. Marcela resolveu esse exercício e determinou que o perímetro de cada quadrilátero mede 120 cm. Verifique se Marcela acertou ou errou na resolução desse exercício e justifique sua resposta.

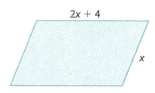

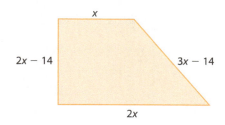

10. Paralelogramos

1. Classifique cada quadrilátero abaixo em paralelogramo, retângulo, losango ou quadrado.

a)

_____

c)

_____

b)

_____

d)

_____

2. Classifique em verdadeiro (V) ou falso (F).

a) Todo quadrado também é um retângulo, pois todos os seus ângulos internos são congruentes. ☐

b) Todo quadrado também é um losango, pois todos os lados têm a mesma medida. ☐

c) O quadrado é um paralelogramo com quatro ângulos congruentes que medem 90° cada um, porém nenhum de seus quatro lados é congruente. ☐

d) Todo quadrado também é um retângulo, pois seus quatro lados são congruentes. ☐

3. Calcule o valor de *x* em cada caso.

a)

c)

b)

d)

4. Determine o valor de *x*, sabendo que o perímetro do retângulo *RSTU* é igual ao triplo do perímetro do quadrado *EFGH*.

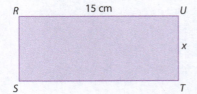

5. Determine as medidas *a* e *b* indicadas no quadrilátero.

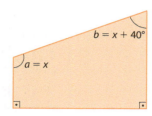

6. No quadrilátero, determine a medida *y*.

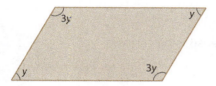

7. Calcule os valores de *x* e de *y*, sabendo que *y* é igual à metade de *x* e que o perímetro do losango é o dobro do perímetro do quadrado.

8. Chico fez uma pipa no formato de losango utilizando duas varetas, barbante vermelho e papel de seda. Observe o desenho de como ficou a sua pipa.

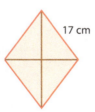

Sabendo que cada lado da pipa mede 17 cm, qual foi a quantidade de barbante utilizada para construir a pipa?

9. Flávio fez a planta baixa do seu terreno, conforme mostra a figura.

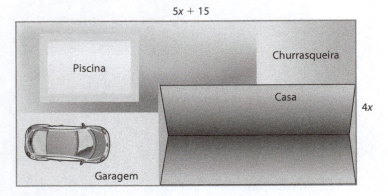

$5x + 15$

Piscina

Churrasqueira

Casa

$4x$

Garagem

Sabendo que o perímetro do terreno é 120 m, descubra quais são as dimensões do terreno (comprimento e largura).

10. No paralelogramo, a medida do lado maior é o dobro da medida do lado menor. Sabendo que o perímetro desse paralelogramo é igual a 84 cm, quais são os valores das medidas dos lados desse paralelogramo?

11. Dona Carmem cultiva rosas no campo. Ela pediu ao caseiro que a ajudasse a cercar um pedaço do terreno no formato retangular, com arame farpado, a fim de proteger o canteiro de rosas dos animais que habitam a fazenda. Então, o caseiro fez um cercado, de modo que o comprimento tivesse 7 unidades a mais do que a largura. Sabendo que dona Carmem comprou 102 m de arame farpado para o caseiro dar 3 voltas com esse arame ao redor do canteiro, calcule as dimensões desse canteiro.

12. A medida do lado maior de um retângulo é igual ao dobro da medida do lado menor mais 5 unidades. Sabendo que o perímetro é igual a 94 cm, determine as medidas dos lados desse retângulo.

11 . Construção de quadriláteros com régua e compasso

1. Construa os quadriláteros de acordo com as medidas indicadas em cada item.

a) Um lado mede 4 cm e um ângulo mede 90°.

b) Um lado mede 3 cm e um ângulo mede 45°.

2. Construa um trapézio retângulo $ABCD$ com bases de medida $AB = 5$ cm e $CD = 4$ cm, med$(D\widehat{A}B) = 90°$ e $DA = 3$ cm.

3. Construa um paralelogramo $EFGH$, sendo a medida do lado $\overline{EF}$ igual a 4 cm, a medida do lado $\overline{FG}$ igual a 2 cm e a medida do ângulo $E\widehat{F}G$ igual a 45°.

ESTRATÉGIA PARA CONHECER

Refletir sobre a solução de um problema

- **Um problema**

  Quantos triângulos há na figura?

- **Para refletir sobre a solução de um problema**

EU DEVO...	PARA...
1 **resolver o problema.** Vamos organizar a contagem em: 4 triângulos pequenos 1 triângulo grande Número total de triângulos: 4 + 1 = 5	• analisar o modo de resolução.
2 **alterar algum dado do problema.** Se analisássemos uma figura mais complexa, teríamos: 9 triângulos pequenos 3 triângulos médios 1 triângulo grande Número total de triângulos: 9 + 3 + 1 = 13	• verificar o que acontece com a solução do problema quando alteramos algum dado.
3 **relacionar as conclusões.** Podemos listar as figuras em uma sequência, da mais simples para as mais complexas. (1ª) (2ª) (3ª) Organizando a quantidade de triângulos em um quadro e estendendo as conclusões para outras figuras, temos:	• estender essas conclusões a problemas que exigem o mesmo tipo de raciocínio e, assim, conseguir resolver questões mais elaboradas.

	1ª figura	2ª figura	3ª figura	4ª figura
Triângulos de "1 linha"	1	1 + 3	1 + 3 + 5	1 + 3 + 5 + 7
Triângulos de "2 linhas"	-	1	1 + 2	1 + 2 + 4
Triângulos de "3 linhas"	-	-	1	1 + 2
Triângulos de "4 linhas"	-	-	-	1
⋮	⋮	⋮	⋮	⋮
Total	1	5	13	27

ILUSTRAÇÕES: LUIZ RUBIO

PROBLEMAS PARA RESOLVER

1 DIVIDINDO A FOLHA

Fazendo dobraduras, divida a superfície de uma folha de papel quadrada em:

a) duas partes congruentes de dois modos diferentes;

b) quatro partes congruentes de três modos diferentes.

2 QUADRADOS

Parte 1

Conte quantos quadrados você vê nesta figura.

Parte 2

Agora, considere o total de quadrados que formam cada figura da sequência.

(1ª)   (2ª)   (3ª)

Com base na parte 1 e sem fazer figuras, você saberia dizer quantos quadrados haverá na 4ª figura? E na 7ª figura?

3 QUADRADOS COM PALITOS

Observe como os 12 palitos foram dispostos.

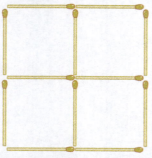

a) Quantos quadrados foram formados?

b) Considere a disposição inicial dos 12 palitos e tente:
- mover apenas 4 palitos e formar 10 quadrados;
- formar 15 quadrados, movendo apenas 4 palitos;
- remover 2 palitos e formar 2 quadrados.

4 TRIÂNGULOS COM PALITOS

Observe como 6 palitos foram dispostos.

a) Mude a posição de 3 palitos para que a figura tenha 8 triângulos.

b) Movendo 1 palito e colocando mais 3 palitos, forme uma figura que tenha 5 triângulos.

5 OS QUADRADOS INDIANOS

Quantos quadrados há na figura?

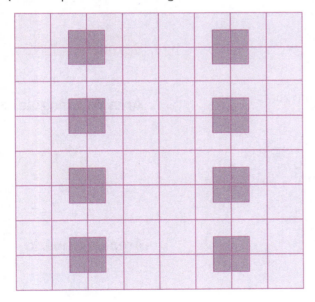

PARTE 4

RECORDE

Medidas de superfície-área — Transformações

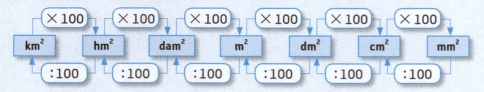

Par ordenado

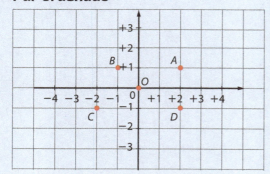

- As coordenadas dos pontos indicados são:
  $A(2,1)$; $B(-1,1)$; $C(-2,-1)$; $D(2,-1)$; $O(0,0)$.

Reflexão

- Em relação a uma reta

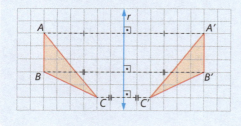

- Em relação a um ponto

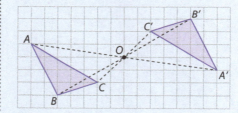

Translação

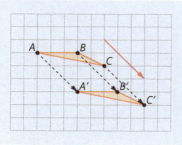

Rotação

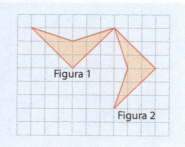

Figura 1

Figura 2

Razão

A **razão** entre dois números a e b, com $b \neq 0$, nessa ordem, é o quociente $\frac{a}{b}$.

Algumas razões são conhecidas por nomes especiais: velocidade média, escala, densidade de um corpo, densidade demográfica e porcentagem.

Área do quadrado

$$A = \ell \cdot \ell = \ell^2$$

Área do retângulo

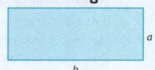

$$A = a \cdot b$$

Área do paralelogramo

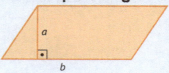

$$A = a \cdot b$$

Área do triângulo

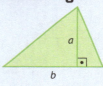

$$A = \frac{a \cdot b}{2}$$

Área do trapézio

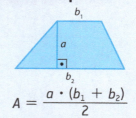

$$A = \frac{a \cdot (b_1 + b_2)}{2}$$

Área do losango

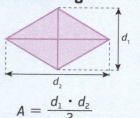

$$A = \frac{d_1 \cdot d_2}{2}$$

Proporção

Quatro números não nulos a, b, c e d formam, nessa ordem, uma **proporção** quando $\frac{a}{b} = \frac{c}{d}$.

Propriedade fundamental das proporções

$$\text{extremo} \rightarrow \quad \text{meio}$$
$$\frac{a}{b} = \frac{c}{d} \rightarrow a \cdot d = b \cdot c$$
$$\text{meio} \rightarrow \quad \text{extremo}$$

Em toda proporção, o produto dos extremos é igual ao produto dos meios.

Grandezas diretamente proporcionais

Duas grandezas são **diretamente proporcionais** quando variam sempre na mesma proporção.

Grandezas inversamente proporcionais

Duas grandezas são **inversamente proporcionais** quando uma varia sempre na razão inversa da outra.

Regra de três simples

Exemplos:

• Grandezas diretamente proporcionais

Massa de batatas (em kg)	Preço (em R$)
1	2
1,37	x

$$1 \cdot x = 2 \cdot 1,37$$

• Grandezas inversamente proporcionais

Velocidade (em km/h)	Tempo de percurso entre A e B (em h)
100	1,5
120	x

$$100 \cdot 1,5 = 120 \cdot x$$

Porcentagem

Taxa percentual ou **porcentagem** é a razão entre um número p e 100. Indicamos $\frac{p}{100}$ ou $p\%$.

Exemplo de cálculo de porcentagem:

• 2% de $350 = \frac{2}{100} \cdot 350 = \frac{700}{100} = 7$

Aplicação financeira e empréstimo

O valor, em dinheiro, de uma aplicação financeira ou de um empréstimo é chamado **capital**.

O **juro** é a remuneração recebida em uma aplicação ou paga em um empréstimo.

O **montante** é a soma do capital com o juro.

Juro simples

No sistema de juro simples, o juro incide apenas sobre o capital investido, e o montante obtido nesse sistema depende do capital, do tempo de aplicação e da taxa de juro.

Exemplos:

• **Situação de aplicação:** R$ 500,00 a uma taxa de juro simples de 0,3% ao mês, depois de 6 meses:

0,3% de 500 = 0,003 × 500 = 1,5

1,5 × 6 = 9

O juro recebido será de R$ 9,00 e o montante, R$ 509,00.

• **Situação de empréstimo:** R$ 2.000,00 a uma taxa de juro simples de 7% ao ano, depois de 2 anos:

7% de 2.000 = 0,07 × 2.000 = 140

140 × 2 = 280

O juro pago será de R$ 280,00.

UNIDADE 10 Área de quadriláteros e de triângulos

1. Área

1. Escreva a unidade de medida adequada a cada caso a seguir.

a) 12 dm^2 é equivalente a 0,12 _____.

c) 1.000 mm^2 é equivalente a 0,001 _____.

b) 1,2 hm^2 é equivalente a 0,012 _____.

d) 0,04 dam^2 é equivalente a 40.000 _____.

2. Encontre o equívoco da frase a seguir.

A ideia de área é usada em muitas situações cotidianas: para determinar a extensão de um terreno; a quantidade necessária de fios elétricos para fazer a instalação elétrica de uma casa; o número de lajotas para revestir um piso, entre outras. Nesses casos, encontramos as medidas das respectivas superfícies: do terreno, dos fios e do piso.

3. Qual dos terrenos tem a maior área?

Terreno 1 380 alqueires paulistas	Terreno 2 300 alqueires do Norte	Terreno 3 350 alqueires mineiros

2. Área do retângulo

1. Faça o que se pede.

a) Desenhe dois retângulos diferentes com 24 cm de perímetro cada um.

b) Determine a área de cada um dos retângulos.

2. Uma varanda tem o piso retangular de 4,3 m de largura por 5,4 m de comprimento. Quantas lajotas quadradas de 30 cm de lado serão necessárias para cobrir essa varanda?

3. Figuras equidecomponíveis

1. Na malha quadriculada, desenhe duas figuras equidecomponíveis.

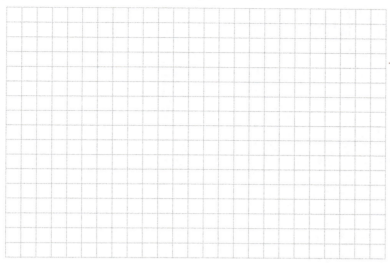

2. Observe a figura a seguir.

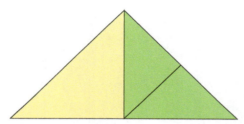

Usando a decomposição nessa figura, construa:

a) um losango;

b) um trapézio;

c) um paralelogramo;

4. Área do paralelogramo

1. Determine a área dos paralelogramos.

a)

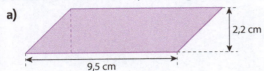

2,2 cm

9,5 cm

b)

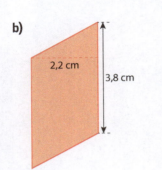

2,2 cm

3,8 cm

c)

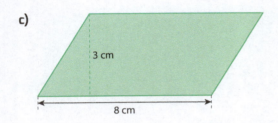

3 cm

8 cm

2. Faça o que se pede.

a) Um paralelogramo tem uma altura de 3,8 cm e uma área de 23,18 cm^2. Determine a medida da base desse paralelogramo.

b) Determine a altura de um paralelogramo que tem 144 cm^2 de área e 10 cm de base.

3. Em uma folha de cartolina serão desenhados e recortados paralelogramos como o abaixo.

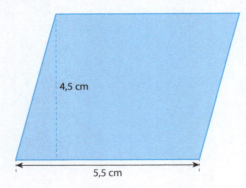

4,5 cm

5,5 cm

Se uma folha de cartolina tem 50 cm de largura e 66 cm de altura, será possível recortar 150 paralelogramos como esse? Explique sua resposta.

5. Área do triângulo

1. Calcule a área de cada triângulo.

a)

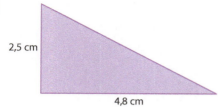

2,5 cm

4,8 cm

b)

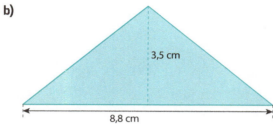

3,5 cm

8,8 cm

c)

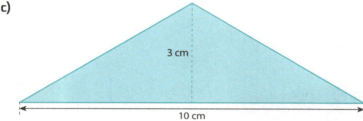

3 cm

10 cm

2. Na malha quadriculada a seguir, em cada item, faça um triângulo que tenha a mesma área do quadrilátero.

a)

b)

6. Área do trapézio

1. Calcule a área de cada trapézio.

a)

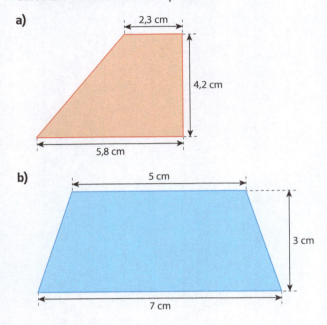

b)

2. Observe o formato da floreira.

ERICSON GUILHERME LUCIANO

Sabendo que altura dos trapézios é de 10 cm, que a lateral maior tem bases medindo 35 cm e 40 cm e a lateral menor tem bases medindo 10 cm e 8 cm, determine a área total dos quatro lados externos de uma floreira com essas dimensões.

7. Área do losango

1. Calcule a área de cada losango.

a)

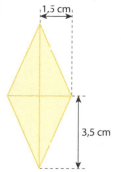

1,5 cm

3,5 cm

b)

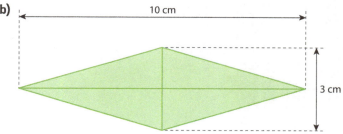

10 cm

3 cm

2. Um terreno que lembra um losango, com diagonal maior medindo 15 metros e diagonal menor medindo 8 metros, foi coberto com 15 m² de grama. Quantos metros quadrados desse terreno não foram cobertos com grama?

3. Um losango tem a área igual a 30 cm². Sabendo que a diagonal menor mede 6 cm, qual é a medida da diagonal maior desse losango?

1. Razão

1. Complete a frase abaixo.

A razão entre dois números a e b, com $b \neq 0$, nessa ordem, é o quociente _____

2. No desenho abaixo, o retângulo maior foi decomposto em outras figuras. Observe.

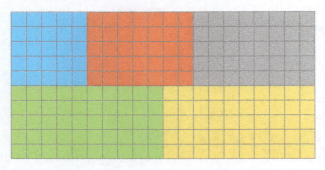

Agora, determine a razão entre:

a) a área do quadrado azul e a área do retângulo maior;

b) a área do retângulo vermelho e a do retângulo cinza;

c) a área do retângulo verde e a do quadrado azul;

d) a área do retângulo amarelo e a do retângulo verde.

3. Escreva na forma de fração irredutível a razão entre:

a) 5 e 10;

c) 8 e 64;

b) 10 e 70;

d) 15 e 17;

e) 0,5 e 0,15;

g) 440 e 2.200;

f) 2,5 e 5;

h) 33 e 363.

4. Faça o que se pede.

a) A razão entre dois números positivos *x* e *y* é 4. Qual dos dois números é o maior?

b) Em uma sala de aula, 25 alunos são meninos e 15 são meninas. Qual é a razão entre o número de meninas e o de meninos?

c) Em uma pesquisa eleitoral, um candidato obteve 25% do total de votos. Escreva a razão em forma de fração irredutível.

5. Leia e interprete os textos a seguir.

a) Em um campeonato de vôlei, a razão entre as pontuações do time vice-campeão e a do time campeão é de 1 para 3. O que isso significa?

b) Em uma fazenda, a vaca Chiquita produz 18 litros de leite para cada 12 litros produzidos pela vaca Maricota. Explique essa razão.

ILUSTRAÇÕES: QUANTA ESTÚDIO

6. Determine a razão entre as grandezas, usando sempre a mesma unidade de medida.

a) 15 m e 20 m

c) 50 m e 2.000 cm

b) 40 ℓ e 60 ℓ

d) 12 kg e 24.000 g

7. Minha escola tem 25 professores e 850 alunos. Qual é a razão entre o número de professores e o número de alunos?

8. Em uma escola com 200 alunos, 15 foram reprovados. Responda.

a) Qual é a razão entre o número de alunos reprovados e o total de alunos?

b) Qual é a razão entre o número de alunos reprovados e o de aprovados?

9. Um arquiteto construiu a maquete de um estádio de futebol usando a escala 1 : 50, e essa maquete ficou com altura de 70 cm. Determine qual será a altura real do estádio.

Maquete do Estádio Nacional de Brasília Mané Garrincha, em 2012. (A maquete estava no aeroporto Internacional de Brasília.)

10. Dois trens partem da estação A em direção à estação B, com intervalo de 20 min. O trem *x* percorre 40 km em 20 min, e o trem *y* percorre os mesmos 40 km em 10 min. Responda.

a) Qual é a velocidade do trem *x*?

b) Qual é a velocidade do trem *y*?

c) Qual é a razão entre as velocidades do trem mais lento e do trem mais rápido?

11. Em um mapa, a distância entre duas cidades é 100 cm. Sabendo que a distância real entre elas é 300 km, determine a escala usada nesse mapa.

12. Em um grande mapa, foi usada a escala 2 : 1.000.000. A distância real entre duas cidades é 600 km. Determine a distância entre essas cidades no mapa.

13. A distância real, em linha reta, entre as cidades de São Paulo e Rio de Janeiro é, aproximadamente, 360 km. Luísa, ao analisar um mapa, verificou com sua régua que a distância entre as duas cidades era de 4 cm. Qual é a escala adotada no mapa observado por Luísa?

14. A distância entre duas cidades é 7.000 km. Em um mapa, essa distância foi representada por 14 cm. Qual foi a escala adotada?

15. (Enem) Um biólogo mediu a altura de cinco árvores distintas e representou-as em uma mesma malha quadriculada, utilizando escalas diferentes, conforme indicações na figura a seguir.

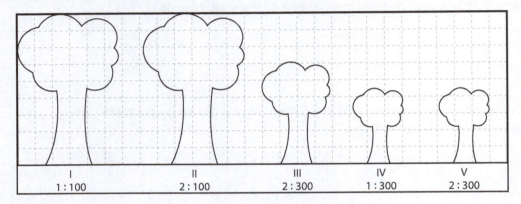

LUIZ RUBIO

Qual é a árvore que apresenta a maior altura real?

a) I

b) II

c) III

d) IV

e) V

16. Em uma certa estrada, do km 103 até o km 508, o limite máximo de velocidade estabelecido é de 90 km/h. Um motorista que dirigiu nesse trecho, mantendo a velocidade máxima em todo o trajeto, gastou quantas horas para fazer o percurso?

17. (Etec-SP) Algumas cidades têm implantado corredores exclusivos para ônibus a fim de diminuir o tempo das viagens urbanas.

Suponha que, antes da existência dos corredores, um ônibus demorasse 2 horas e 30 minutos para percorrer todo o trajeto de sua linha, desenvolvendo uma velocidade média de 6 km/h.

Se os corredores conseguirem garantir que a velocidade média dessa viagem aumente para 20 km/h, o tempo para que um ônibus percorra todo o trajeto dessa mesma linha será

a) 30 minutos.

b) 45 minutos.

c) 1 hora.

d) 1 hora e 15 minutos.

e) 1 hora e 30 minutos.

Avenida 23 de maio na Zona Sul da cidade de São Paulo, SP, com destaque para o corredor de ônibus, em 2013.

18. Conforme contagem realizada em 2010 pelo IBGE, a Região Sudeste tem, aproximadamente, 80.000.000 de habitantes e uma área de, aproximadamente, 924.000 km^2.

Calcule a densidade demográfica da Região Sudeste.

REGIÃO SUDESTE DO BRASIL

MINAS GERAIS

ESPÍRITO SANTO

SÃO PAULO

RIO DE JANEIRO

270 km

Elaborado a partir de: <www.ibge.gov.br>.
Acesso em: 23 set. 2014.

19. (Enem) Cerca de 20 milhões de brasileiros vivem na região coberta pela caatinga, em quase 800 mil km^2 de área. Quando não chove, o homem do sertão e sua família precisam caminhar quilômetros em busca da água dos açudes. A irregularidade climática é um dos fatores que mais interferem na vida do sertanejo.

Disponível em: <http://www.wwf.org.br>. Acesso em: 23 abr. 2010.

Segundo este levantamento, a densidade demográfica da região coberta pela caatinga, em habitantes por km^2, é de

a) 250.

b) 25.

c) 2,5.

d) 0,25.

e) 0,025.

2. Proporção

1. Aplicando a propriedade fundamental das proporções, verifique quais pares de números da tabela formam, na ordem apresentada, uma proporção.

1º par	2º par	Formam uma proporção
6, 12	36, 72	
10, 100	10.000, 100.000	
25, 125	25, 250	
30, 120	50, 200	
18, 54	30, 60	
12, 144	13, 169	
21, 147	7, 49	
1, 9	9, 81	

2. Sabendo que os números 2, 6, 10 e x formam, nessa ordem, uma proporção, determine o valor de x.

3. Os números abaixo formam, na sequência em que estão dispostos, uma proporção. Identifique os extremos e os meios.

Números	Extremos	Meios
$\dfrac{18}{36} = \dfrac{40}{80}$		
$\dfrac{20}{600} = \dfrac{50}{1.500}$		
$\dfrac{10}{100} = \dfrac{8}{80}$		
$\dfrac{3}{24} = \dfrac{5}{40}$		
$\dfrac{7}{35} = \dfrac{9}{45}$		

4. Encontre os valores de x e de y na proporção $\dfrac{y}{x} = \dfrac{3}{5}$, sabendo que $x + y = 8$.

5. Encontre os valores de x e de y na proporção $\dfrac{y}{5} = \dfrac{x}{10}$, sabendo que $x + y = 5$.

6. A soma entre dois números é 45. O maior está para 4, assim como o menor está para 2. Determine esses números.

7. A diferença entre dois números é 30. Sabe-se que o maior está para 5, assim como o menor está para 3. Determine esses números.

8. Em uma partida de basquete, a razão entre os pontos sofridos por uma equipe e os pontos feitos é $\frac{1}{5}$. Se essa equipe sofreu 32 pontos, determine o número de pontos marcados.

9. Determine o valor de x nas proporções.

a) $\dfrac{x + 10}{x - 6} = \dfrac{2}{3}$

d) $\dfrac{x + 4}{7} = \dfrac{x - 2}{1}$

b) $\dfrac{18}{3x - 2} = \dfrac{6}{2x + 2}$

e) $\dfrac{10}{x - 2} = \dfrac{5}{x + 2}$

c) $\dfrac{4}{2x} = \dfrac{4}{x + 8}$

f) $\dfrac{7}{3x} = \dfrac{5}{5x + 3}$

10. Em certo horário do dia, Eduardo, que tem 1,80 m de altura, projeta uma sombra de 3 m de comprimento. No mesmo instante, uma árvore projeta uma sombra de 7 m de comprimento. Qual é a altura da árvore?

11. (Saresp) Paulo levou 2 horas para digitar um texto de 8 páginas. Se ele trabalhar durante 4 horas, no mesmo ritmo, é possível que ele digite um texto de:
   a) 4 páginas
   b) 8 páginas
   c) 12 páginas
   d) 16 páginas

12. A soma entre os números das casas de Ana e Bia é 101. O número da casa de Ana está para o número da casa de Bia, assim como 189 está para 114. Quais são os números das casas de Ana e Bia?

3. Grandezas e medidas

1. Liste as grandezas que você conhece.

1. _____   6. _____

2. _____   7. _____

3. _____   8. _____

4. _____   9. _____

5. _____   10. _____

2. Liste as unidades de medida que você conhece.

1. _____   5. _____

2. _____   6. _____

3. _____   7. _____

4. _____   8. _____

3. Faça um esquema relacionando as unidades de medida que você listou com as grandezas que conhece.

4. Associe os itens da coluna da direita ao seu correspondente da coluna da esquerda.

a) quilômetro, decâmetro e milímetro
b) grama, centigrama e hectograma
c) decalitro, decilitro e hectolitro
d) 5 metros
e) 100 gramas
f) 1 litro
g) 4 quilômetros
h) centímetro quadrado, metro quadrado e quilômetro quadrado
i) grau Celsius
j) *byte*, *megabyte*, *gigabyte*

I) 1.000 mililitros
II) 4.000 metros
III) 0,1 quilograma
IV) 500 centímetros
V) unidades de medida de capacidade
VI) unidades de medida de massa
VII) unidades de medida de comprimento
VIII) unidades de medida de capacidade
IX) unidade de medida de temperatura
X) unidades de medida de área

4. Grandezas diretamente proporcionais

1. Escreva a condição para que duas sequências de números sejam diretamente proporcionais.

> Os números não nulos a, b, c, d, ... são diretamente proporcionais aos números não nulos A, B, C, D, ..., nessa ordem, se:

2. Analise as sequências proporcionais e determine a constante de proporcionalidade de cada item.

Sequências proporcionais	Constante de proporcionalidade
4, 6, 8, 10 e 2, 3, 4, 5	
4, 12, 16, 20 e 1, 3, 4, 5	
10, 20, 30, 40, 50, 60 e 1, 2, 3, 4, 5, 6	
7, 14, 21, 28, 35, 42 e 1, 2, 3, 4, 5, 6	
125, 130, 135, 140, 145, 150 e 25, 26, 27, 28, 29, 30	
330, 333, 336, 339, 342, 345 e 110, 111, 112, 113, 114, 115	

3. Analisando cada situação, verifique se as grandezas envolvidas são diretamente proporcionais e justifique.

a) A gramatura de papel utilizada por uma gráfica na impressão de livros é de 75 g/m².
Analise o quadro.

Massa do papel (g)	75	150	200	250
Área do papel (m²)	1	2	$\frac{8}{3}$	$\frac{10}{3}$

• Nesse caso, a massa e a área do papel são grandezas diretamente proporcionais? Por quê?

_____

_____

_____

_____

_____

_____

_____

b) Em um supermercado, o quilograma do pão francês custa R$ 5,70.
Analise o quadro.

Massa do pão (g)	100	150	200	250
Preço (R$)	0,57	0,855	1,14	1,425

• Nesse caso, a massa e o preço do pão são grandezas diretamente proporcionais? Por quê?

_____

_____

_____

_____

_____

_____

_____

c) Em agosto de 2014, na cidade de São Paulo, o valor do quilômetro rodado em corridas de táxi na bandeira 1 era R$ 2,50, e da bandeirada, R$ 4,10.

Observe o quadro a seguir.

Quilômetro rodado (km)	2,5	5	10	50
Preço (R$)	10,35	16,60	29,10	129,10

- Nesse caso, o quilômetro rodado e o preço a ser pago são grandezas diretamente proporcionais? Por quê?

_____

_____

_____

_____

4. Divida o número 312 em partes diretamente proporcionais a 2, 4 e 6.

5. Resolva os problemas.

a) Uma herança de R$ 45.000,00 foi dividida em partes diretamente proporcionais às idades de 3 herdeiros, um deles com 10 anos, outro com 15 anos e o mais velho com 20 anos. Quanto cada um recebeu?

b) Três amigos montaram uma loja de artigos esportivos, entrando com os seguintes capitais: Afonso, R$ 4.000,00; Rodrigo, R$ 8.000,00; e Paula, R$ 12.000,00. Já no primeiro mês, a loja deu um prejuízo de R$ 3.600,00. Quanto cada sócio terá de investir para arcar com o prejuízo se o investimento for proporcional ao capital de entrada de cada um dos sócios?

6. Os números x, y, 12 e 20, 8, 4 são diretamente proporcionais. Determine os números x e y.

7. Verifique se os números 18, 40 e 50 são diretamente proporcionais aos números 36, 80 e 100.

8. Verifique se os números 6, 16 e 32 são diretamente proporcionais aos números 48, 18 e 12.

9. Verifique se os números $\frac{14}{21}$, $\frac{7}{21}$ e $\frac{7}{35}$ são diretamente proporcionais aos números $\frac{7}{21}$, $\frac{7}{42}$ e $\frac{7}{70}$.

10. Guilherme comprou um caderno de 600 folhas para dividir entre três disciplinas: Matemática, História e Inglês. A divisão feita é diretamente proporcional ao número de aulas semanais de cada disciplina, ou seja, são 6 aulas semanais de Matemática, 4 de História e 2 de Inglês. Quantas folhas foram separadas para cada disciplina?

11. Juca tem um sítio, onde cultiva uma grande plantação de parreiras. Na época da colheita, Juca convidou dois amigos para ajudá-lo e, no final do dia, os três colheram, juntos, 5 toneladas de uva. Juca vendeu as uvas por R$ 2,50 o quilograma. O total arrecadado pela venda das 5 toneladas de uva foi dividido de maneira diretamente proporcional ao número de horas trabalhadas por cada um dos amigos. Sabe-se que Juca trabalhou 9 horas; Adriano, 6 horas; e Thiago, 5 horas.

a) Qual foi a quantia arrecadada, em reais, pela venda das 5 toneladas de uva?

b) Quanto cada pessoa recebeu?

12. (Etec-SP) Em uma empresa distribuidora de mala direta, João, Marcelo e Pedro são responsáveis por ensacar e etiquetar revistas. Certa vez, receberam um lote de 6.120 revistas e, ao terminarem a tarefa, perceberam que o lote de revistas havia sido dividido em partes diretamente proporcionais ao respectivo tempo de trabalho de cada um deles na empresa.

Sabendo que João trabalha há 9 meses na empresa, Marcelo, há 12 meses, e Pedro, há 15 meses, o número de revistas que João ensacou e etiquetou foi:

a) 1.360.

b) 1.530.

c) 1.890.

d) 2.040.

e) 2.550.

13. Analise os quadrados e depois faça o que se pede.

A
3 cm

B
6 cm

C
9 cm

LUIZ RUBIO

a) Determine o perímetro de cada quadrado.

b) Determine a área de cada quadrado.

c) Determine a razão entre os perímetros e as medidas do lado de cada quadrado. Em seguida, verifique se as razões calculadas são diretamente proporcionais.

d) Determine a razão entre as áreas e as medidas do lado de cada quadrado. Depois, verifique se as razões calculadas são diretamente proporcionais.

14. Três amigos foram viajar de carro, cada um dirigindo o próprio veículo. Na viagem de volta, resolveram comparar o consumo de combustível de seus carros e montaram o quadro a seguir.

QUANTA ESTÚDIO

	Distância percorrida (km)	Consumo total (ℓ)
Carro de Paulo	500	50
Carro de João	400	40
Carro de Bete	450	45

• O consumo médio foi diretamente proporcional?

15. Monique e Amanda são vendedoras em uma loja de eletrodomésticos. Além do salário mensal, elas recebem um valor diretamente proporcional à quantidade de aparelhos vendidos, como forma de incentivar a venda de mais produtos na loja. Os quadros abaixo indicam as quantidades de aparelhos vendidos e o valor que cada uma recebeu durante 3 meses.

	MONIQUE		
	Agosto	Setembro	Outubro
Quantidade de aparelhos vendidos	x	28	36
Valor recebido (R$)	96	y	216

	AMANDA		
	Agosto	Setembro	Outubro
Quantidade de aparelhos vendidos	23	34	w
Valor recebido (R$)	138	z	72

a) Qual é a constante de proporcionalidade?

b) Quantos aparelhos Monique vendeu no mês de agosto?

c) Qual foi o valor recebido por Amanda no mês de setembro?

d) Quem recebeu a maior quantia pela venda de aparelhos nesses 3 meses?

5. Grandezas inversamente proporcionais

1. Marque com um X a alternativa falsa.

   a) Duas grandezas são inversamente proporcionais quando, ao dobrar o valor de uma, o valor da outra se reduz pela metade.

   b) Duas grandezas são inversamente proporcionais quando, ao reduzir pela metade o valor de uma, o valor da outra dobra.

   c) Duas grandezas são diretamente proporcionais quando, ao dobrar o valor de uma, o valor da outra também dobra.

   d) Duas grandezas são diretamente proporcionais quando, ao dobrar o valor de uma, o valor da outra se reduz pela metade.

2. Identifique entre os itens a seguir quais sequências são inversamente proporcionais.

   a) (3, 6, 12) e (24, 12, 6)

   b) (5, 10, 15) e (500, 250, 125)

   c) (12, 24, 48) e (100, 50, 25)

   d) (2, 4, 6) e (8, 12, 16)

   e) (7, 14, 28) e (8, 4, 2)

3. Um atleta receberá de seu patrocinador um prêmio que dobrará cada vez que seu tempo for reduzido pela metade em relação ao tempo alcançado na prova anterior. O valor do prêmio inicial foi estipulado em R$ 6.000,00. Seu tempo em cada uma das provas está indicado no quadro abaixo. Determine quanto esse atleta receberá de prêmio no total.

1ª prova	2ª prova	3ª prova
12 segundos	6 segundos	4 segundos

4. Verifique se os números 6, 16 e 24 são inversamente proporcionais aos números 48, 18 e 12.

5. Verifique se os números 3, $\dfrac{2}{5}$, $\dfrac{6}{8}$, $\dfrac{12}{15}$ e $\dfrac{1}{3}$, $\dfrac{5}{2}$, $\dfrac{8}{6}$, $\dfrac{15}{12}$ são inversamente proporcionais.

6. Doze torneiras enchem um tanque em 20 min. Deixando apenas 6 torneiras abertas, elas enchem o tanque de mesma capacidade em 40 min.

a) Com a diminuição do número de torneiras, o que aconteceu com o tempo?

_____

b) Com o aumento do tempo de 20 min para 40 min, o que aconteceu com a quantidade de torneiras?

_____

c) Calcule as razões e determine se são iguais ou inversas.

_____

d) O número de torneiras e o tempo gasto para encher o reservatório são diretamente ou inversamente proporcionais?

_____

7. Os números 15, 10 e 20 são inversamente proporcionais aos números 40, 60 e 30, nessa ordem. Determine a constante de proporcionalidade.

8. Os números 9, x e 36 são inversamente proporcionais aos números 72, 27 e y, nessa ordem. Determine:

a) a constante de proporcionalidade;

b) os números x e y.

9. Um prêmio de 900 reais foi dividido entre dois goleiros de um time de futebol que jogaram a mesma quantidade de partidas. A quantia recebida foi dividida em partes inversamente proporcionais acs gols sofridos por cada um deles. Sabendo que o goleiro A sofreu 4 gols e o goleiro B sofreu 5 gols, determine quanto cada um recebeu.

10. (Saresp) O proprietário de uma pequena loja de produtos naturais emprega duas funcionárias, Joana e Carolina. No mês de julho ele decidiu dividir um bônus de R$ 160,00 entre as duas funcionárias, de forma que cada uma receberia um valor inversamente proporcional ao número de faltas naquele mês. Carolina faltou 3 vezes, e Joana faltou 2. A quantia recebida por Joana como bônus é igual a:

a) R$ 72,00

b) R$ 80,00

c) R$ 96,00

d) R$ 108,00

11. A mãe de Bruna combinou que lhe pagaria um dinheiro extra, além da mesada, cujo valor seria inversamente proporcional ao número de faltas registradas no boletim escolar ao final de cada mês. Bruna registrou em um quadro, apresentado abaixo, a situação em alguns meses.

	Março	Abril	Maio
Número de faltas	9	15	y
Valor recebido (reais)	x	30	25

a) Quanto Bruna recebeu no mês de março?

b) Quantas faltas Bruna teve no mês de maio?

6. Regra de três simples

1. Resolva os problemas.

a) Em uma indústria, uma máquina de embalagens funciona durante 4 horas e embala 1.000 barras de chocolate. Quantas barras essa máquina embalaria se funcionasse por 12 horas?

Fábrica de chocolate na Suíça. Foto de maio de 2010.

b) Doze homens fazem um serviço em 6 dias. Para fazer o mesmo trabalho em 4 dias, quantos homens, trabalhando tanto quanto os primeiros, serão necessários?

c) Cinco máquinas fazem juntas um trabalho em 12 horas. Quantas máquinas como essas serão necessárias para reduzir esse tempo para 4 horas?

d) Três torneiras totalmente abertas enchem um reservatório em 45 min. Quantas torneiras com a mesma capacidade de vazão de água seriam necessárias para encher o mesmo reservatório em 5 min?

e) Numa prova que valia 5 pontos, Roseli tirou nota 3,5. Qual seria a nota de Roseli se a prova valesse 10 pontos?

f) Um elevador tem capacidade para 10 adultos com massa de até 90 kg cada um. Quantas pessoas com massa de exatamente 60 kg podem entrar simultaneamente nesse elevador sem risco de queda?

ILUSTRAÇÕES: QUANTA ESTÚDIO

g) Para cobrir uma área de 2 m² são necessários 30 azulejos. Quantos azulejos serão necessários para cobrir 70 m²?

h) Um veículo em velocidade constante de 60 km/h demora 6 horas para percorrer um trajeto. Se aumentar sua velocidade para 90 km/h, em quanto tempo esse veículo fará o mesmo percurso?

QUANTA ESTÚDIO

i) O quadro abaixo mostra o consumo, em watts, de uma família durante o banho. A potência nominal do chuveiro elétrico da casa é de 5.400 watts.

Nome	Duração do banho	Consumo (watt)
Antônio	10 min	900
Maria	20 min	x
Paulo	8 min	y
Fernanda	16 min	1.440

• Determine quanto é consumido nos banhos de Maria e de Paulo.

j) Terezinha gosta de descansar e relaxar os pés em uma bacia com uma salmoura preparada com 32 g de sal para cada 100 mℓ de água morna. Determine quantos gramas de sal serão necessários para Terezinha fazer uma salmoura com 12 litros de água.

2. (Saresp) Para fazer 80 casadinhos recheados com doce de leite, utilizo uma lata desse doce. Com duas latas e meia de doce de leite, quantos casadinhos consigo fazer?

a) 120

b) 160

c) 200

d) 240

3. A tabela de informação nutricional de um pacote de biscoitos indica que em uma porção de 30 g de biscoito há 80 mg de sódio. Sabendo que o pacote de biscoitos tem 150 g, quantos miligramas de sódio uma pessoa vai ingerir se consumir todo o pacote?

4. Dona Rosana contratou 4 pintores para fazer um serviço em sua casa durante 80 dias. Quantos pintores seriam necessários para fazer o mesmo serviço em 32 dias?

5. Trabalhanco 5 horas por dia, um pedreiro constrói uma casa em 60 dias. Em quantos dias ele construirá a mesma casa se trabalhar 6 horas por dia?

7. Regra de três composta

1. Resolva os problemas a seguir.

a) Em 5 horas, quatro homens carregam 300 sacas de café. Determine quantas horas serão necessárias para que 3 desses homens carreguem 200 sacas.

QUANTA ESTÚDIO

b) Em 2 horas, 6 torneiras despejam 6.000 ℓ de água. Em quantas horas 8 torneiras idênticas às primeiras despejarão 9.000 ℓ de água?

c) Em 8 horas de trabalho, determinado pedreiro consegue assentar 16 m² de piso. Quantos pedreiros como esse serão necessários para assentar 64 m² de piso em 4 horas?

d) Em uma fábrica, 3 pintores executam um trabalho de pintura em uma área de 600 m² em 2 horas. Quantos pintores como esses serão necessários para pintar uma área de 200 m² em 1 hora?

e) Uma empresa gasta R$ 4.000,00 com a alimentação de 20 funcionários durante 30 dias. Quanto essa empresa gastaria para alimentar 30 funcionários em 60 dias?

f) Um trator demora 5 horas para executar um serviço em 300 m² de terreno. Em quanto tempo quatro tratores como esse executariam um serviço em 600 m² de área?

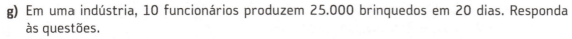

g) Em uma indústria, 10 funcionários produzem 25.000 brinquedos em 20 dias. Responda às questões.

• Quantos brinquedos são produzidos por 5 funcionários em 10 dias?

- Para atender a um pedido de 100.000 brinquedos em 20 dias, quantos funcionários extras serão necessários?

h) Um motociclista passou 15 dias rodando 8 horas por dia com sua moto a uma velocidade média de 100 km/h. Determine quantos dias ele levaria para percorrer a mesma distância se rodasse 10 horas por dia a uma velocidade média de 120 km/h.

i) Uma máquina funciona 8 horas por dia para produzir 16.000 peças automotivas em 5 dias. Quantas peças essa máquina produz em 30 dias funcionando as mesmas 8 horas diárias?

QUANTA ESTÚDIO

2. Teodoro gosta de ler livros. Ele leu 150 páginas de um livro em 5 dias, lendo 2 horas por dia. Se Teodoro dobrar a quantidade de horas de leitura por dia, quantas páginas ele vai ler em 6 dias?

3. Solange tem uma pequena empresa que produz salgadinhos. Hoje, há um grupo de 5 funcionários que trabalham 6 horas para produzir 400 salgadinhos. Se ela contratasse mais 4 funcionários, ou seja, se tivesse um grupo de 9 funcionários trabalhando no mesmo ritmo, em quanto tempo esse grupo conseguiria produzir 600 salgadinhos?

4. João trabalha em uma loja de assistência técnica e conserta 3 aparelhos eletrônicos em 4 dias, trabalhando 6 horas por dia. Supordo que os aparelhos sejam do mesmo tipo, trabalhando 8 horas por dia, quantos aparelhos João conseguirá consertar em 10 dias?

8. Porcentagem

1. Escreva as razões abaixo na forma de porcentagem. Observe antes como foi feito no item **a**.

a) $\dfrac{24}{50}$

$$\overset{\times 2}{\underset{\times 2}{\dfrac{24}{50}}} = \dfrac{48}{100} = 48\%$$

h) $\dfrac{35}{140}$

b) $\dfrac{45}{150}$

i) $\dfrac{15}{75}$

c) $\dfrac{70}{500}$

j) $\dfrac{8}{80}$

d) $\dfrac{20}{80}$

k) $\dfrac{29}{160}$

e) $\dfrac{33}{66}$

l) $\dfrac{81}{300}$

f) $\dfrac{80}{50}$

m) $\dfrac{15}{240}$

g) $\dfrac{220}{100}$

n) $\dfrac{64}{16}$

2. Determine o valor de x em cada caso.

a) 25% de x é igual a 15.

e) 11% de x é igual a 38,5.

b) 30% de x é igual a 90.

f) 92% de x é igual a 23.

c) 12% de x é igual a 4,8.

g) 4,3% de x é igual a 0,5375.

d) 27% de x é igual a 5,4.

h) 1,2% de x é igual a 0,06.

3. Resolva os problemas.

a) Paula pesquisou preços em três lojas para comprar um forno de micro-ondas e fez as anotações ao lado. Em qual loja ela pagará menos por esse forno? Quanto ela pagará?

Loja Zem – R$ 280,00
à vista 10% de desconto

Loja Gug – R$ 320,00
à vista 25% de desconto

Loja Mar – R$ 350,00
à vista 30% de desconto

QUANTA ESTÚDIO

b) Em um campeonato de futebol, o campeão conquistou 80 pontos em 114 pontos possíveis. Qual foi o percentual de aproveitamento do time?

(*Dica*: percentual de aproveitamento é a razão entre o número de pontos obtidos e o total de pontos possíveis.)

c) Antônio, Joaquim e Frederico são acionistas de uma empresa, com participação de 25%, 45% e 30%, respectivamente. Ao término do mês foi apurado um lucro de R$ 100.000,00. Sabendo que o percentual desse lucro a ser dividido entre os 3 sócios é de 40%, quantos reais cada um receberá?

d) Cristina comprou 140 figurinhas, e 21 eram repetidas. Qual foi o percentual de figurinhas não repetidas?

e) Uma fábrica tinha 320 funcionários no início de um ano e 360 ao final do mesmo ano. Determine o percentual de crescimento do número de funcionários dessa empresa.

4. (Etec-SP) Uma pessoa viajará para o exterior e levará dois mil dólares para suas despesas. No dia em que comprou essa quantia no banco, a cotação do dólar era de R$ 2,10. Além de pagar pela compra de dólares, também pagou o Imposto sobre Operações Financeiras (IOF), que corresponde a 0,38% do valor pela compra.

Assim sendo, para efetuar o total da compra, essa pessoa gastou

a) R$ 3.043,48.

b) R$ 3.546,54.

c) R$ 4.035,42.

d) R$ 4.215,96.

e) R$ 4.796,00.

5. Virgínia foi ao mercado e comprou os produtos da lista ao lado.

Como ela pagou à vista e em dinheiro, teve 10% de desconto. Qual foi o valor pago por Virgínia nessa compra?

- Leite .... R$ 3,65
- Pão .... R$ 2,80
- Manteiga .... R$ 2,90
- Bolacha .... R$ 4,20
- Pacote de arroz .... R$ 9,85
- Pacote de feijão .... R$ 6,60

QUANTA ESTÚDIO

6. Uma escola organizou uma excursão para um parque aquático. Cada aluno pagou R$ 80,00 para a escola e foi combinado que, da quantia total arrecadada relativa aos pagamentos, 8% seriam doados à escola, como contribuição para despesas. Sabendo que 650 alunos foram à excursão, qual foi a quantia doada para a escola?

7. Beatriz recebeu um salário de R$ 3.200,00 e gastou 15% desse valor com o pagamento de água, luz e telefone; 20%, com o aluguel da casa; 15% com alimentação; 5% com lazer. O restante ela guardou na poupança.

a) Qual o valor do aluguel da casa?

b) Quanto Beatriz gastou com alimentação?

c) Que percentual do salário Beatriz guardou na poupança?

8. Rosana fez uma prova com 50 questões que tinham quatro alternativas cada uma. Ela conseguiu acertar 35 questões no total. Qual foi o percentual de questões erradas?

QUANTA ESTÚDIO

9. (Obmep) Um fabricante de chocolate cobrava R$ 5,00 por uma barra de 250 gramas. Recentemente o peso da barra foi reduzido para 200 gramas, mas seu preço continuou R$ 5,00. Qual foi o aumento percentual do preço do chocolate desse fabricante?

a) 10%

b) 15%

c) 20%

d) 25%

e) 30%

10. Rubens tem um sítio de 1 alqueire paulista. Ele destinou 15% do terreno para a construção de uma casa; 40% para a plantação de café, trigo, mandioca e milho; 10% para a criação de animais; 8% para lazer, com a construção de piscina, quadra de futebol e salão de jogos. (Lembre-se de que 1 alqueire paulista equivale a 24.200 m².)

a) Qual é a área destinada à construção da casa?

b) Que área Rubens reservou para o plantio de café, trigo, mandioca e milho?

c) Qual é a área restante do terreno?

11. (Enem) A escolaridade dos jogadores de futebol nos grandes centros é maior do que se imagina, como mostra a pesquisa abaixo, realizada com os jogadores profissionais dos quatro principais clubes de futebol do Rio de Janeiro. De acordo com esses dados, o percentual dos jogadores dos quatro clubes que concluíram o Ensino Médio é de aproximadamente:

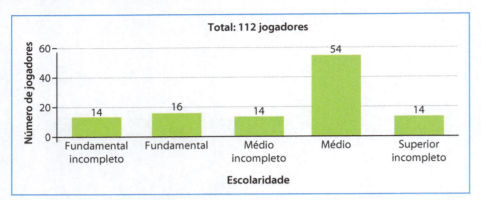

a) 14%.

b) 48%.

c) 54%.

d) 60%.

e) 68%.

9. Juro simples

1. Marina aplicou R$ 200,00 em caderneta de poupança à taxa de juro simples de 1% ao mês. Qual será o juro depois de 12 meses?

2. Roberto pediu empréstimo ao banco à taxa de juro simples de 2% ao mês. Depois de dois anos, ele pagou ao banco R$ 432,00 de juro. Qual foi o valor emprestado?

3. Joana fez uma aplicação financeira de R$ 1.200,00 a uma taxa de juro simples de 5% ao mês. Em quanto tempo essa aplicação produzirá juro de R$ 600,00?

4. Fernanda recebeu R$ 600,00 de juro, aplicando R$ 4.000,00 durante 5 meses. Qual foi a taxa mensal da aplicação?

5. Uma geladeira custa R$ 5.000,00 à vista. Se o valor dessa geladeira for parcelado em 4 vezes iguais, cada parcela será de R$ 1.450,00. Que taxa de juro a loja está cobrando nesse parcelamento?

6. Ana tem dinheiro investido em três aplicações: na poupança, tem R$ 5.000,00; em renda fixa, tem R$ 3.000,00; e em ações da Bolsa de Valores, tem R$ 2.000,00. Em determinado mês, a poupança rendeu 1,1%, a renda fixa, 2,3%, e as ações, 8%.

a) Qual foi o valor total obtido por Ana com esses rendimentos?

b) Qual aplicação rendeu mais? _____

7. Fernando é corretor de imóveis e ganha 2,5% de comissão sobre cada imóvel que vende. Em um mês, Fernando vendeu 3 apartamentos: um no valor de R$ 55.000,00, outro no valor de R$ 110.000,00 e o terceiro no valor de R$ 131.000,00. Quanto Fernando ganhou nesse mês?

8. Depois de quanto tempo uma aplicação financeira de R$ 10.000,00 produzirá juro de R$ 1.000,00 a uma taxa de juro simples de 2% ao mês?

9. Rogério investiu R$ 9.000,00 em uma aplicação no sistema de juro simples. Depois de 8 meses, seu saldo era R$ 9.900,00. Qual era a taxa de juro simples mensal dessa aplicação?

10. Maria se esqueceu de pagar o aluguel de sua casa e só se lembrou no 4º dia após o vencimento. Ao observar a cobrança, ela viu que teria de pagar mais 0,5% sobre o valor do aluguel por dia de atraso. Se o valor do aluguel é R$ 400,00, que valor Maria pagará nesse dia?

11. Na compra de um carro que custava R$ 16.000,00, Rita conseguiu um desconto, pagando apenas R$ 15.000,00. Calcule o percentual de desconto.

12. Judite emprestou R$ 1.250,00 para seu irmão, por um prazo de 5 meses, a uma taxa de juro simples de 4% ao mês. Quanto Judite recebeu de seu irmão após esse tempo?

13. Evandro comprou uma televisão por R$ 3.210,00 para pagar em 6 prestações mensais iguais. As parcelas foram cobradas em boletos bancários com vencimento no dia 15 de cada mês. A multa em caso de atraso no pagamento é 0,2% sobre o valor da prestação, por dia de atraso. Evandro pagou a terceira prestação com 8 dias de atraso.

a) Qual é o valor de cada prestação?

b) Qual é o valor da multa paga em 8 dias de atraso?

c) Qual é o valor total pago nesse mês?

14. Beto fez um empréstimo no banco de R$ 15.000,00 para pagamento em 2 anos. Sabendo que, ao término desse período, Beto pagou ao banco R$ 19.320,00, qual foi a taxa de juro simples mensal cobrada nesse empréstimo?

15. Lívia quer realizar um sonho, que é comprar sua casa própria. Para isso, fez um financiamento no banco, de R$ 50.000,00, a uma taxa de juro simples de 4% ao mês. Sabendo que ela pagou ao banco um total de R$ 62.000,00, qual foi o prazo, em meses, do financiamento?

16. Marcos fez um empréstimo de R$ 120.000,00 que deverá pagar com juro simples de 1% ao mês. Sabendo que ele pagou R$ 6.000,00 de juros, quantos meses levou para pagar o empréstimo?

a) 3 meses

b) 4 meses

c) 5 meses

d) 6 meses

17. O gráfico abaixo representa os resultados de uma pesquisa feita em maio de 2019 por uma escola para saber a preferência musical de seus 2.500 alunos.

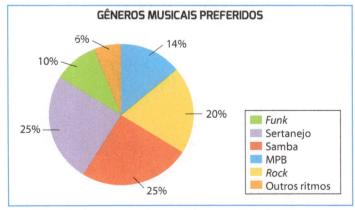

Dados obtidos pela escola Música Linda em maio de 2019.

a) Quais são os dois gêneros musicais preferidos pelos alunos da escola?

b) Quantos alunos preferem *rock*?

18. A rádio Pé na Jaca fez, em julho de 2019, uma pesquisa com 5.000 jovens para saber o meio de transporte utilizado para chegar às festas noturnas. Os resultados foram apresentados por meio do gráfico abaixo.

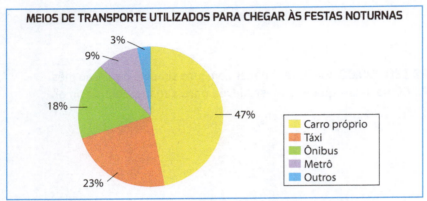

MEIOS DE TRANSPORTE UTILIZADOS PARA CHEGAR ÀS FESTAS NOTURNAS

- Carro próprio
- Táxi
- Ônibus
- Metrô
- Outros

Dados obtidos pela rádio Pé na Jaca em julho de 2019.

a) Qual é o meio de transporte menos utilizado pelos jovens que participaram dessa pesquisa? Escreva o percentual correspondente. (Desconsidere 3% – correspondentes a Outros meios de transporte.)

_____

b) Quantos jovens utilizam carro próprio para chegar às festas noturnas?

c) Quantos jovens utilizam táxi para chegar às festas noturnas?

ERICSSON GUILHERME LUCIANO

UNIDADE 12 Transformações geométricas

1. Localização de pontos no plano

1. Observe o planisfério e, depois, responda às questões.

PLANISFÉRIO

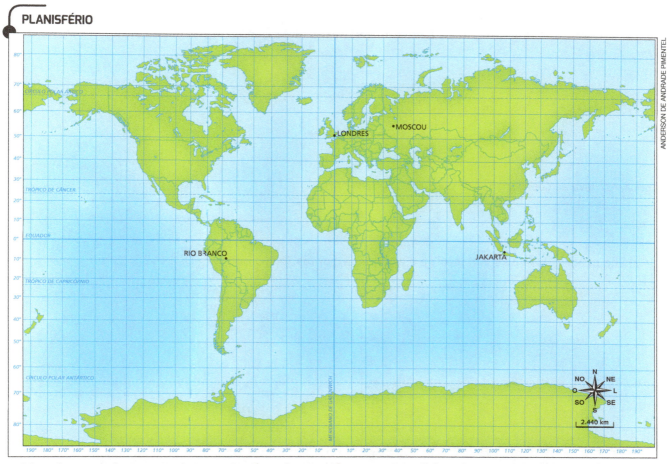

Elaborado a partir de: Graça Maria Lemos Ferreira. *Atlas geográfico*: espaço mundial. 4. ed. São Paulo: Moderna, 2013. p. 10 e 11.

a) Qual é a latitude da cidade de Londres, na Inglaterra?

b) Qual é a longitude da cidade de Jakarta, na Indonésia?

c) Qual é a latitude da cidade de Moscou, na Rússia?

d) Qual é a longitude da cidade de Rio Branco, no Acre?

2. No planisfério da atividade 1, marque os seguintes pontos:
a) 20° leste e 30° norte (ponto A);
b) 40° oeste e 100° norte (ponto B);
c) 20° oeste e 120° sul (ponto C).

3. Observe os pontos destacados no sistema de eixos abaixo.

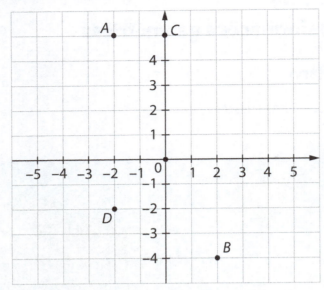

Agora, escreva as coordenadas desses pontos.

_____

4. Na malha quadriculada a seguir, localize e marque os pontos A (1, 1), B (−2, 1), C (−3, −3) e D (2, −3).

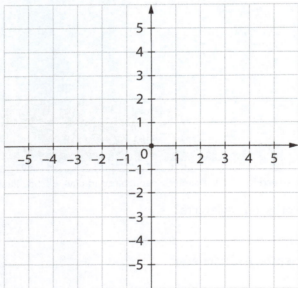

Agora, faça o que se pede.

a) Trace o polígono *ABCD* e pinte o seu interior.

b) Escreva o nome da figura que você desenhou no item **a**.

_____

c) Escreva as coordenadas do ponto *D* para que figura *ABCD* seja um trapézio retângulo.

_____

2. Transformações geométricas no plano

Observe os pares de figuras a seguir e assinale os que sofreram, da figura 1 para a figura 2, uma isometria. Justifique a sua escolha.

a)
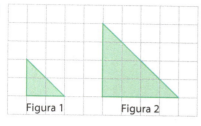
Figura 1   Figura 2

b)
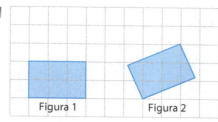
Figura 1   Figura 2

c)

Figura 1   Figura 2

3. Reflexão

1. Observe a figura e desenhe uma figura simétrica a ela em relação à reta *r*.

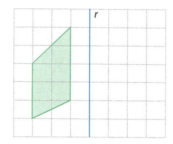

2. Trace a reta *s*, sabendo que as figuras 1 e 2 são simétricas em relação a essa reta.

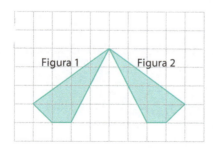

Figura 1   Figura 2

3. Na malha quadriculada a seguir, represente um polígono de vértices *XYZW* e seu simétrico em relação ao eixo *y*.

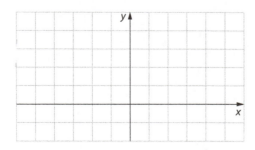

ILUSTRAÇÕES: ERICSON GUILHERME LUCIANO

4. Observe a figura e desenhe uma figura simétrica a ela em relação ao ponto *X*.

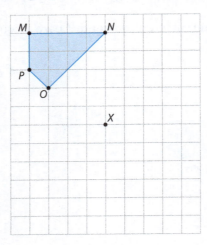

4. Translação

1. Faça a translação do polígono a seguir de acordo com a medida do comprimento, da direção e do sentido da seta.

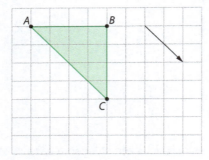

2. Na figura abaixo, o retângulo *A'B'C'D'* é imagem do retângulo *ABCD* obtida por uma translação. Desenhe o vetor dessa translação.

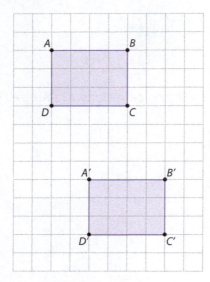

ILUSTRAÇÕES: ERICSON GUILHERME LUCIANO

5. Rotação

1. Em cada caso, encontre a figura formada, a partir da figura original, considerando uma rotação de 90° no sentido anti-horário em torno do ponto *O*.

a)

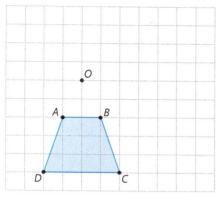

b)

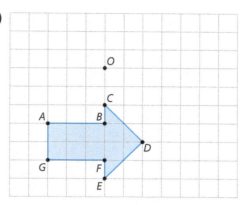

2. Observe o pentágono *ABCDE* no sistema de eixos.

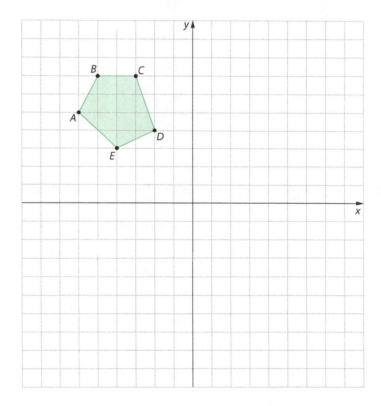

Agora, faça o que se pede.

a) Trace o pentágono *A'B'C'D'E'* multiplicando todas as coordenadas de *ABCDE* por −1.

b) Determine o ângulo de rotação e o sentido feito a partir de *ABCDE* para se obter *A'B'C'D'E'*.

3. Na malha quadriculada a seguir, construa duas figuras geométricas quaisquer e um marque um ponto *O*. Em seguida, construa as figuras que é a rotação, em torno do ponto *O*, determinado pelo giro de 120° no sentido horário.

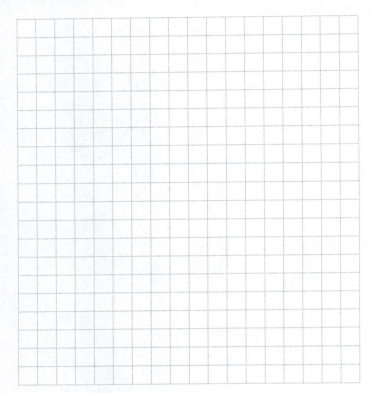

4. Em cada caso, determine o ângulo e o sentido da rotação realizada da figura original em torno do ponto O.

a) Figura original: *ABCD*

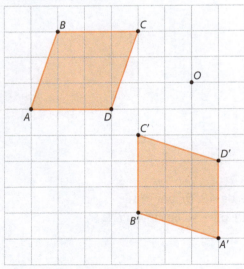

b) Figura original: *ABCDE*

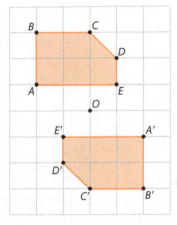

6. As transformações na arte

As figuras abaixo foram criadas com base em alguns grafismos. Observe-as.

Com base nas imagens acima, crie um grafismo com o auxílio de uma folha de papel quadriculado.

ESTRATÉGIA PARA CONHECER

Analisar a resolução de um problema

- **Um problema**

     Se 3 ratos escapam de 3 gatos em 3 minutos, quanto tempo levarão 100 ratos para escapar de 100 gatos?

- **Para analisar a resolução de um problema**

EU DEVO...	PARA...
1 **identificar a estratégia de resolução do problema.** Como o enunciado apresenta uma situação em que três grandezas se relacionam, esse problema, aparentemente, pode ser resolvido por meio de regra de três composta.	• resolver o problema.
2 **resolver o problema segundo a estratégia escolhida.**	• encontrar uma solução.

Número de ratos	Número de gatos	Quantidade de minutos
3	3	3
100	100	x

$$\frac{3}{100} \cdot \frac{3}{100} = \frac{3}{x}$$

$$\frac{9}{10.000} = \frac{3}{x}$$

$9x = 30.000$

$x \approx 3.333$

Então, 100 ratos escaparão de 100 gatos em aproximadamente 3.333 minutos.

EU DEVO...	PARA...
3 **analisar como o problema ficaria com a solução proposta.** 3.333 minutos equivalem a aproximadamente 56 horas, o que corresponderia a uma fuga de mais de 2 dias, sem interrupção. Mesmo sendo uma situação ficcional, o valor encontrado é muito grande para as condições descritas. Então, provavelmente, houve um erro na resolução.	• verificar se a solução encontrada é realmente a solução do problema.
4 **descobrir o erro no raciocínio da primeira resolução.** Ao montar o quadro e resolver o problema por regra de três composta, presumiu-se que a grandeza *quantidade de minutos* fosse diretamente proporcional às grandezas *número de ratos* e *número de gatos*. Vamos analisar se a hipótese é procedente. Se tivéssemos 6 ratos (A, B, C, D, E, F) escapando de 6 gatos, 3 ratos (A, B, C) escapariam de 3 gatos em 3 minutos, e os outros 3 ratos (D, E, F) não iriam esperar que os primeiros ratos escapassem – eles começariam a fugir dos outros gatos com os demais ratos. Portanto, os 6 ratos também levariam 3 minutos para escapar de 6 gatos. Então, a grandeza *quantidade de minutos* não é proporcional às demais; logo, a regra de três composta não é adequada.	• encontrar outra estratégia para resolver o problema.
5 **resolver novamente o problema.** Se usarmos o raciocínio do passo anterior, em que 6 ratos escapam de 6 gatos em 3 minutos (assim como 3 ratos escapam de 3 gatos em 3 minutos), os 100 ratos também levarão 3 minutos para fugir de 100 gatos.	• encontrar a solução.

PROBLEMAS PARA RESOLVER

1 O RESTAURANTE DO ZOOLÓGICO

Sabendo que 6 macacos comem 6 bananas em 6 minutos, quantos minutos levariam 3 macacos para comer 3 bananas? Quantos macacos seriam necessários para comer 18 bananas em 18 minutos?

2 AS GALINHAS DO VIZINHO

O vizinho de João tem uma granja com 73 galinhas. Essas galinhas botam 73 dúzias de ovos em 73 dias. Sabendo que 37 galinhas comem 37 kg de milho em 37 dias, qual é a quantidade de milho necessária para obter 1 dúzia de ovos?

ILUSTRAÇÕES: QUANTA ESTÚDIO

3 O TIGRE E A LEBRE

Um tigre persegue uma lebre. Enquanto o tigre dá 5 pulos, a lebre dá 9. Entretanto, 3 pulos do tigre equivalem a 10 pulos da lebre. Se a distância entre os dois é igual a 46 pulos do tigre, quantos pulos o tigre precisa dar para alcançar a lebre?

4 CADÊ O DINHEIRO?

Três amigos almoçaram em um restaurante e gastaram R$ 60,00. Cada um pagou R$ 20,00, mas o dono do restaurante devolveu R$ 5,00 por eles serem clientes antigos. Ao receberem o dinheiro do desconto, os amigos deram R$ 2,00 de caixinha para o garçom e cada um ficou com R$ 1,00.

No fim, cada um dos amigos pagou o seguinte:

R$ 20,00 — R$ 1,00 = R$ 19,00

Logo, se cada amigo gastou R$ 19,00, os três gastaram juntos R$ 57,00. Se o garçom ficou com R$ 2,00 de caixinha, temos:

R$ 57,00 + R$ 2,00 = R$ 59,00

Falta R$ 1,00. Onde ele foi parar? Encontre o erro e explique.